페르시아 문화

차례

Contents

페르시아 문화 새롭게 엿보기

이란은 왜 아랍연맹에 가입하지 않았을까? 간혹 이런 질문을 하는 사람들이 있다. 그만큼 이란을 아랍 국가로 알고 있는 사람이 적지 않다는 말이다. 지금까지도 한국에서는 이슬람이라고 하면 중동 지역의 아랍 이슬람권과 동일시하고 있다. 9.11 사태를 계기로 그동안 이슬람의 종교, 문화, 역사에 관한 책들이 많이 출간되었지만, 이들의 관점 또한 철저하게 아랍 이슬람적인 시각이었다. 그런데 세계 이슬람권 국가와 지역 가운데 중동 이슬람권은 크게 아랍 이슬람권과 페르시아 이슬람권으로 구분이 가능하다. 이들은 이슬람 공동체 내에서 하나지만, 이슬람권의 내부를 제대로 보기 위해서는 이들의 차이에 대한 올바른 이해가 필요하다. 1935년 페르시아는 국호를 이란으로 바꿨지만, 페르시아라는 단어는 아직도 그들의 언어와 문화 속에 그대로 남아 있다.

페르시아 이슬람권의 신앙은 조로아스터교와 불교로 이어지는데, 고대로부터 범신론적인 토대 위에 놓여 있었다. 조로아스터교는 유대교, 기독교, 이슬람교를 비롯한 일신론에 커다란 영향을 끼쳤지만, 선신과 악신으로 대별되는 이신론(二神論)적인 특징을 가지고 있다. 이는 서구적인 개념의 선과 악을 구분하는 이원론과는 전혀 다른 것이다. 이후 아리안 계통에 속하는 부처가 출현하면서, 재차 아리안의 신앙 체계가 형성되었다. 마음속에 신이 있다고 믿는 불교는 범신론적인 토대 위에 전개되었으며, 이후 등장한 페르시아의 예언자 마니는 신불교적인 차원에서 그들의 신앙인 마니교를 창시하였다. 외부에서 이슬람교가 유입된 후, 이란은 그들만의 정체성을 확립하기 위해 쉬아(시아) 이슬람을 주창하기에 이른다. 페르시아 이슬람권 국가와 지역이 쉬아 이슬람권의 영역과 일치하는 것은 아니지만, 그들의 문화 속에서 동질성을 찾아내기란 어렵지 않다. 중앙아시아의 일부 지역은 강압에 의해 '쉬아'에서 '순니(수니)'로 개종했으며, 또 다른 일부 지역에서는 페르시아 사파비(1501~1732) 왕조가 국교를 쉬아로 선포함으로써 오히려 페르시아 이슬람권의 영향력은 줄어들었다.

무슬림(모슬렘, 이슬람 신도)은 중국의 인구와 맞먹는 13억 명에 달한다. 아랍 이슬람권은 아랍어를 사용하는 22개국의 셈족 지역을 가리키며, 페르시아 이슬람권은 페르시아어를 사용하는 아리안족 지역에 해당한다. 흔히 서남아시아로 불리는 페르시아 이슬람 세계(Perso-Islamic World)에서 페르시아어를 사용하는 인구는 약 1억 4천만 명 정도로 추산된다. 페르시아어를 사용하는 이슬람권은 이란, 아프가니스탄, 타지키스탄, 중앙아시아 일부 지역 등을 포함하여 대략 3개국 4개 지역권이고, 중앙아시아에서는 약 2천5백만 명 이상의 인구가 페르시아어를 사용하는 것으로 알려져 있다. 서남아시아 지역은 현재 소수의 인구만이 페르시아어를 사용하고 있는 이라크, 파키스탄과 더불어 고대로부터 페르시아 이슬람권으로 불렸다. 아르메니아와 걸프 지역 국가 중 바레인과 아랍에미리트의 일부 지역에서도 페르시아어가 사용되고 있다.

페르시아 이슬람권과 아랍 이슬람권은 고대 문명이나 종교에서부터 현대 문화에 이르기까지 뚜렷하게 대비되는 특징이 있다. 그러나 한국에서는 이러한 구별 없이 아랍 이슬람권을 중동 이슬람권과 동일한 의미로 취급해 왔고, 이로 인해 중동 이슬람권의 문화와 종교, 사상의 틀을 혼동하고 있다. 이런 시점에서 중동아시아에 대한 제대로 된 이해가 필요하다.

이 책은 이슬람에 대한 편견과 오해를 바로 잡으려는 데 그 목적이 있다. 즉, 이슬람의 양대 종파인 순니파와 쉬아파의 문화적인 차이를 이해함으로써 아랍 이슬람과 페르시아 이슬람 간의 문화적인 차이를 분명하게 구분할 수 있을 것이다.

현대 유럽 사회는 중세의 이슬람을 발판으로 성장한 측면이 적지 않다. 자연과학과 의학뿐만 아니라 서예, 회화 등의 예술 분야에서도 지대한 영향을 받았다. 중세 중동아시아(혹은 서아시아)의 중심 언어는 코란의 언어인 아랍어였지만, 그 뿌리에는 페르시아인과 그들의 문화가 있었다. 즉 페르시아어는 이 지역 공통의 문화어로서 문화, 예술의 중심에 서 있었던 것이다. 오늘날 페르시아 문화 가운데 제3세계권에서 신드롬을 불러일으키고 있는 이란 영화가 그 대표적인 예라고 할 수 있다.

이 책에서는 이란을 비롯한 3개국 4개 지역 이상의 페르시아어권은 물론 페르시아 문화권 국가로 분류되는 이라크와 파키스탄의 문화와 문명에 관해 다루고 있다. 또한 중국 신장성 일부 지역에서 페르시아어를 사용하며 살아가는 또 다른 이란족인 타직족을 비롯해 서역과 관련된 이야기도 다룬다. 이들 내용 중에는 우리에게 처음 알려지는 사실도 많이 포함되어 있다. 출신이 불분명하다고 알려진 이백(이태백)이 이란계 중국 시인이라는 사실은 페르시아 이슬람권의 지역적인 분포를 감안할 때 "그럴 수도 있겠구나."라는 생각이 들면서, 이란 학자들의 주장에 절로 고개가 끄덕여진다.

페르시아 이슬람권과 쉬아를 이해하기 위해, 끝까지 이 책을 읽다 보면 각 장마다 펼쳐지는 내용이 마치 뫼비우스의 띠처럼 서로 긴밀하게 연결되어 있음을 알 수 있을 것이다.

중세 학문의 본향

페르시아 과학과 철학, 이슬람 학문의 뿌리

페르시아는 무슬림 국가에서뿐만 아니라 세계 과학사에서도 과학을 진보시키는 데 커다란 역할을 담당했다. 또한 고대 국가로부터 축적한 과학 지식을 서방으로 확산시키는 데 도움을 주었다. 페르시아 과학자들은 고도로 발전된 과학 기술과 사상을 독창적인 저작물로 완성했다. 이슬람 시대 대부분의 페르시아 과학자와 사상가들은 이슬람의 언어인 아랍어로 작품 활동을 하였다. 이처럼 이슬람 시대에 과학과 철학의 대부분의 수작이 아랍어로 번역된 것은 당시 아랍어가 국제어로서 가장 널리 사용된 언어였기 때문이다.

한편 서구 사회에서 페르시아 과학자와 철학자를 아랍 혹은 이슬람의 이름으로 분류함으로써 페르시아 이슬람권의 과학과 철학은 제대로 소개될 기회가 적었고, 상대적으로 소홀하게 취급되어 왔다.

그리스의 알렉산더가 페르시아를 침략하기 전까지 페르시아는 그리스의 도시국가들과 12차례에 걸쳐 전쟁을 치렀다. 그 결과 페르시아는 3차례 패하고, 1차례는 승패를 가리지 못했지만, 8차례에 걸쳐 승리를 거두었다. 페르시아는 밀레와 플라타이아 그리고 마라톤 평원에서 패하였는데, 기원전 490년 마라톤 평원에서 벌어진 전쟁은 고대 그리스사에서 가장 유명한 전투로 기억되고 있다. 이 전쟁은 페르시아에 복속된 그리스 도시국가들이 반란을 일으키면서 시작되었다. 모두들 페르시아의 승리를 예상하면서 페르시아와 그리스의 전쟁을 코끼리와 모기 떼의 싸움에 비유하기도 했다. 그러나 기원전 507년 페르시아의 황제 다리우쉬(다리우스, 기원전522~기원전486)는 그 이름도 알지 못했을 만큼 미미한 존재였던 아테네에게 참패하는 수치를 당하였다.

서양 철학에서 관념론의 시조로 알려진 플라톤은 페르시아의 애르펀(Mysticism, 이슬람 신비주의인 수피즘의 기원이 되는 도(道))에 깊은 감명을 받았다. 플라톤의 관념론을 토대로 관념론적 교의를 체계화하여, 신플라톤주의 학파를 창시한 플로티누스 또한 페르시아 철학을 공부하기 위해 이란에 파견되기를 희망하면서 로마군에 합류했다고 한다. 피타고라스는 젊어서 여러 곳을 여행했는데, 특히 철학을 공부하기 위해 동방(페르시아)을 여행했다고 밝히고 있다.

이처럼 페르시아는 그리스 학문에 영향을 끼치면서도 과학과 철학 분야에서 그리스의 영향을 받았다. 이슬람 시대 이전, 특히 사산(226~642) 왕조는 과학 연구에 집중적인 지원을 아끼지 않았기 때문에 이 시기에 페르시아의 과학은 상당할 정도로 발달하였다. 이 외에도 페르시아인들은 그들 나름의 의학적인 실습 형태를 갖추고 있었으며, 그들의 풍부한 약리학적인 전통은 다른 나라로 전파되어, 페르시아에 기원을 둔 수많은 약품 이름이 다른 언어에서도 쉽게 발견된다. 자연과학분야에서 그들의 개념은 인도와 파키스탄인들의 사고와 유사하지만, 그리스인의 그것과는 분명히 달랐다. 이 시대에 인도의학의 도움도 적지 않았다. 당시 서아시아 최고의 병원과 대학이 있었던 페르시아 쿠제스탄 지방의 남서부, 존디-샤푸르에서는 그리스, 인도의 의학적 전통과 융합되어 특히 의학 분야가 발전하였으며, 이슬람 시대에도 지속적인 발전을 이룰 수 있는 기반을 마련하였다. 그곳에서는 의학을 비롯해 일부 기초과학의 강의도 이루어졌으며, 이슬람 시대에도 그리스의 철학과 과학을 전파하는 중심지가 되었다.

이슬람 학자, 알고 보면 페르시아 학자

중세의 위대한 과학자들 가운데, 페르시아인들은 이전에 상상도 할 수 없을 정도로 과학을 발전시켰다. 역사상 가장 훌륭한 의학자로 추앙받는 페르시아인 의사 라지(865~925)는 이슬람 의학을 상당 수준으로 발전시켰으며, 이븐 시나(아비 세나, 980~1037)는 서구에서 '의사들의 왕자'로 불렸다. 18~19세기까지 두 거장의 저작물은 유럽 대학에서 그 주제에 관한 마지막 이야기로 간주될 정도였다. 이븐 시나 이후 많은 페르시아인 의사들은 그의 걸작품인 『의학의 정전』에서 영감을 얻어 아랍어와 페르시아어로 의학서를 저술하는 데 심혈을 기울였다. 이슬람 의학이 이슬람 국가 의학자들의 노력으로 급성장할 수 있었다면, 페르시아는 이의 형성과 발전에 대단히 중요한 역할을 했던 것이다.

이슬람의 도래와 함께 이슬람 철학은 페르시아에서 본격적으로 발전하기 시작했다. 9세기 무슬림 철학자들의 지적인 탐구에 크게 고무되어 그리스의 철학적인 텍스트는 아랍어로 번역되었는데, 이를 번역하고 주석을 단 학자의 대부분은 역시 페르시아인이었다. 히포크라테스와 프톨레마이오스(90~168), 갈레노스에 이르는 그리스 학자들의 저서는 대부분 라지, 이븐 시나, 알콰레즈미를 비롯한 페르시아인 학자들에 의해 번역되고 개정되었다. 이들에 의해 가장 먼저 아리스토텔레스학파의 철학이 소개되었으며, 아리스토텔레스와 신플라톤주의자의 철학에서 빌려온 요소를 이슬람의 가르침과 결합하고자 했다. 무슬림-아리스토텔레스학파에서 가장 위대한 학자는 아랍인인 알킨디(?~873)였으나 이후 알파라비(870~950)나 이븐 시나와 같은 위대한 페르시아 사상가가 대를 이었다. 이들은 이 학파를 영광의 정점에 올려놓았다. 그러나 대부분의 페르시아 사상가들은 그들의 사상을 아랍어로 저술하였기 때문에 서구에서는 아랍 철학자로 소개되었다.

페르시아는 위대한 수학자와 천문학자들의 고향이기도 했다. 수학과 천문학 분야에서 이슬람 이전의 페르시아인들은 달력 제작에 많은 관심을 가졌으며, 사산조 시대에는 극히 복잡한 천문학 도표를 그리는 데이터를 작성하기도 했다. 그 당시 근동에서뿐만 아니라 페르시아와 파키스탄, 인도 등지에서 천문학과 점성학에 관한 의견 교환도 활발하게 이루어졌다.

페르시아인은 인도에서 아라비아숫자(서구에서 붙여진 명칭)란 이름이 부여된 수 개념과 십진법을 들여왔다. 대수학(algebra)의 아버지로 불리는 알콰레즈미는 그의 이름에서 따온 알고리즘(algorithm, algorism)이란 용어를 만들었으며, 계산법 체계 연구에도 크게 기여했다. 무슬림 수학자, 특히 페르시아 수학자들은 인도에서 대수학의 개념을 받아들였다. 중세 대수학에 관한 가장 위대한 논문은 유명한 시인이기도 한 오마르 카이얌(1048~1131)에 의해 저술되었다. 평면도형과 구형 삼각법(사인, 코사인, 탄젠트, 코탄젠트) 분야에서 이들이 성취한 진보는 수많은 페르시아 과학자들에 의해 더욱 발전하였다. 수학자 기야쏘딘 카산은 최근까지도 그의 명성을 유지하고 있다.

당대 가장 위대한 과학자 알비루니(973~1048)와 철학자이자 신학자이며 천문학자였던 나시룻딘 투시(1201~1274)와 같은 인물의 업적으로 페르시아인들은 천문학의 발전에 크게 공헌했다. 투시는 재상으로서의 그의 지위를 활용해서 페르시아에서 과학의 부활에 거대한 추진력을 제공했다. 그의 감독 아래 마러게(Maragheh)에 놀랄 만한 천문대가 지어졌으며, 수많은 과학적 발견이 이루어졌다. 투시 자신도 프톨레마이오스에 의해 사용된 것과는 전혀 다른 새로운 천체 관측의를 완성했으며, 삼각법을 만들기도 했다. 그의 명령으로 제조된 기구들은 유럽의 천문대에 의해 모방되었으며, 덴마크 천문학자 티코 브라헤(Tycho Brahe)에 의해 널리 사용되었다.

알코올은 아랍어, 발견한 학자는 페르시아인

의학의 창시자 가운데 한 사람으로 알려진 중앙아시아 코라산(또는 쿠라산) 출신의 페르시아인 자비르 이븐 하이얀(723~815)과 그의 후계자들은 현대 화학의 근원이 된 연금술 발달에 지대한 공헌을 했다. 오늘날 화학 실험실에서 사용되고 있는 대부분의 장비들은 이 시대로 거슬러 올라간다. 아랍어에 어원을 둔 알코올(alcohol)도 페르시아인 의학자 라지에 의해 발견되었으며, 이외에도 페르시아인 연금술사들은 수많은 화학 물질을 분리해 냈다.

뿐만 아니라 알파라비나 이븐 시나와 같은 페르시아 사상가들에 의해 아리스토텔레스학파의 이슬람 철학은 최고봉의 대열에 오를 수 있었다. 플라톤과 아리스토텔레스 철학에 관한 책을 저술하며 제2의 아리스토텔레스로 불렸던 알파라비, 이슬람 신학의 최고봉으로 불리는 가잘리, 이슬람 사상과 관련하여 순니파에서 가장 영향력 있는 학파를 창시한 알아쉬아리도 페르시아 출신이며, 바그다드를 비롯해 니셔부르와 에스파헌, 헤라트, 발크, 마르브 등지에 이슬람 최고의 학당으로 불리는 내저미예 대학을 설립한 이도 페르시아 살죽(1038~1194) 왕조의 재상 내저몰 몰크라는 사실은 널리 알려져 있지 않다.

대수학의 아버지로 불리는 알콰레즈미, 지구 중심설을 비판하고 지구의 공전을 주장한 나시룻딘 투시, 무슬림 의학의 선구자로서 역사상 가장 위대한 의학자의 한 사람으로 평가받는 라지, 시대를 초월해 최고의 의사로 손꼽히는 이븐 시나, 전설적인 인물로서 최초의 무슬림 연금술사로 불리는 자비르 이븐 하이얀 등과 같은 학자들이 언론과 책자에서 페르시아인으로 소개되는 경우는 그리 많지 않다.

이란계 이태백

손가락과 달, 그리고 거울

달을 가리키면서 손가락 밖에 보지 못하는 인간을 향해 이태백(701~762)은 다음과 같이 노래했다.

"달아 달아 밝은 달아, 이태백이 놀던 달아…… 명경같이 밝은 달……."

그는 달을 순수의 극치인 명경(거울)으로 간주하면서도 결국은 현세에서 같이 놀던 유희의 대상으로 끌어내렸다. 인간은 유희의 단계를 벗어나 거울과 같은 마음으로 차원을 높이고자 하지만 이 시는 그런 단계로 이행하지 못하는 인간들의 실존적인 고뇌를 그리고 있다.

이태백, 그는 누구인가? 그는 어디에서 태어났으며 그의 선조는 어느 나라 사람인가? 아직껏 이에 대한 궁금증이 풀리지 않고 있다. 이태백이 타계한 지 1300년이 지났지만 그의 시에 관한 해설도 일부 밝혀지지 않은 채 여러 가지가 의문으로 남아 있다. 일부 이란 학자들은 이태백이 이란계 중국 시인이라고 주장하고 있어, 이태백의 출신에 관한 의문을 풀 수 있는 실마리를 제공하였다.

'미트라'는 페르시아어로 '매흐르'라고도 하는데, 이는 태양을 뜻한다. 즉, 미트라교는 태양(빛의 신)을 숭배하는 종교이다. 조로아스터교의 경우도 불을 숭배한다고 알려져 있는데, 이때 불은 구체적 대상이기도 하지만 영적인 깨달음을 뜻하는 내면의 불(빛)을 의미한다. 페르시아의 고대 사상은 미트라교를 통해 기원전 로마제국에 널리 퍼져 성행했으며, 페르시아 불교는 중국 초기 불교의 토대가 되면서 중국 문화에 커다란 영향을 끼쳤다. 태양과 달은 서양과 동양에서 깨달음과 욕정을 자제하는 의미를 깨우쳐 주고 있다. 명경이란 단어가 페르시아에서 중요한 시어로서 지금도 사용되고 있는 것을 보면 그들의 신앙이 내면 정화에 그 토대를 두고 있음을 알 수 있다.

달에서 온 신선이라고 불리는 이태백은 중앙아시아의 쇄엽에서 태어났다. 쇄엽은 현재 키르키즈스탄 북부 지역에 위치하고 있다. 중앙아시아에서는 키르키즈스탄의 일부 지역을 포함해서 2천5백만 명 이상의 타직인들이 지금도 페르시아어를 사용하고 있다. 이 지역의 페르시아어를 쓰는 타직인들은 구소련의 지배하에 놓여 있었기 때문에 키릴 문자에도 익숙하지만, 구소련에서 독립한 90년대 이후 이 지역의 학생들은 페르시아 문자를 배우고 있다.

이란 동부의 코라손 주와 더불어 중앙아시아의 페르시아권을 합쳐 대(大)코라손권이라고 부르는데, 이태백은 당시 코라손권 출신으로 5세 때 부친과 함께 사천성의 강유(江油) 지역으로 이주한 것으로 알려져 있다. 그의 부친이 코라손의 지사를 지냈다는 설도 있다. 이태백은 어릴 적부터 시에 대해 조예가 깊었으며 수많은 시를 지었다. 배움에 대한 갈증에 목말라하면서 25세 때 사천성을 떠나 오랜 세월 여러 지역을 돌아다녔으며, 보통 사람들이 살아가는 모습과 사회적인 상황을 훤히 꿰뚫고 있었다. 그는 744년에 낙양에서 두보를 만났고, 노년에는 방황하며 궁핍한 생활을 하다가 762년 안휘성의 당도에서 농협증으로 눈을 감았다.

중국학자들이 쓴 자료들을 통해서 이태백이 살았던 시대상을 알 수 있다.

그 외국인들 가운데에는 무역을 위해 온 사람들, 특히 페르시아 상인이 수적으로 가장 많았으며 그중 일부는 장기간 당나라에 체류하기도 하였다. 두보가 「염여 灩澦」라는 시에 "뱃사람 낚시꾼이 노래를 부르고 고객(估客) 호상(胡商, 페르시아 상인)은 눈물을 적신다."라는 시구가 있는데 이를 통해 우리는 당시 사천(촉) 지방에까지 서역의 상인이 진출하고 있었음을 알 수 있다. 주변 지역뿐만 아니라 당의 중심부에서도 서역 상인들의 자취를 찾는 것은 어렵지 않다.『구당서』124권 '전신공'에 의하면 상원 원년(760년)에 반란이일어났을 때, 진압군과 반란군이 전투를 벌이는 가운데 수많은 서민과 상인들의 재산이 약탈을 당하였고, 당시에 양주에 체재하고 있던 페르시아 상인들도 그 와중에 휩쓸려들어가 수천 명이 죽음을 당했다고 한다. 반란 사건에 연루되어 잡혀 들어간 사람 수만 해도 수천 명에 달했다고 하니, 그 규모가 엄청난 것이었음을 알 수 있다.[1]

중앙아시아의 페르시아 무희들이 당나라에 들어왔으며중앙아시아의 페르시아권 춤곡이 크게 유행하였다. 서역의여성들은 대부분 페르시아 계통이었다고 알려져 있다.[2]

이태백 자신의 시에도 '호희'라 불리는 술파는 페르시아인여성이 등장한다. 이태백은 페르시아의 무희와 어울려 술을마시며 본향의 그리움을 풀었던 것으로 보인다. 그는 호희의미에 대해 격찬을 퍼부었으며 하얀 손(다스테 새피드, 다스테비저)의 은유를 사용하여 그녀들의 아름다움을 노래했다. 지금도 중앙아시아를 포함하는 페르시아 시에서 이러한 표현을 즐겨 사용하고 있다. 하얀 피부가 미인의 요건으로 간주되었던것이다. 고대 페르시아의 여인상은 둥근 얼굴과 크고 검은 눈,

눈썹의 숱이 많아 초승달과 같이 눈을 감싸는 여인을 미인이라고 했다. 페르시아 여성의 고혹함은 예나 지금이나 다르지 않다. 현재 대부분의 이슬람 여성들은 정치권력의 속박을 벗어나지 못하고 있지만 당시에는 감정 표출이 자유스러웠다. 이태백의 시에 자주 등장하는 '호희'는 고국에 대한 사무치는 그리움을 상징한다.

역사상 가장 강력한 대제국을 형성한 페르시아는 재상, 행정 제도를 비롯해 음식과 의복에 이르기까지 전 분야에 걸쳐 아랍의 모든 영역에 영향을 끼쳤다. 그러나 아쉽게도 아랍의 침략으로 엄청난 사료(史料)와 작품들이 사라져 버렸다. 페르시아 역사에서 아랍과 몽고의 침략은 이란인들에게 지울 수 없는 상처를 남겼으며, 아랍은 이란인들이 가장 혐오하는 종족 중의 하나가 되어 버렸다. 페르시아 문학의 역사가 아랍의 침략 이후 9세기에 재등장하면서 낭만적 서사시는 대시인 고르거니와 네저미(1209 죽음)에 의해 다시 불렸다. 11세기 중반 고르거니의 낭만적인 장편 서사시가 애쉬커니(파르티아, 기원전 247~기원후 224) 왕조의 전설에서 생겨났으며, 외래 종교인 이슬람교가 유입되기 이전의 연애시라고 말할 수 있다. 각운 형태를 띠고 있는 시형은 델리 출신의 유명한 페르시아어 시인, 아미르 코스루(1253~1324)에 의해 계승되었다.

페르시아 종교와 철학에서는 사랑론이 등장하는데, 아랍의 침략으로 인해 방대한 자료가 소실되어 사랑이란 용어가 본격적으로 사용된 시기를 알 수 없다. 이후 페르시아 최고의 소네

트(Sonnet, 페르시아어로 가잘이라고 하며 사랑과 술을 주제로 한 7-14행의 시) 시인 허페즈(?~1390)로 연애시의 전통이 이어진다. 페르시아의 사랑론은 한국 문학이나 중국 문학에서 보이는 사랑론과는 분명히 다른 점이 있다. 이란계 중국 시인 이태백은 페르시아의 사랑 노래를 중국의 사랑 노래와 적절하게 혼합했다. 그는 중세 페르시아와 중국의 문학사에 가교 역할을 하는 국제적인 시인이었다.

이태백과 같은 이란계 중국 시인과 당시 중국에 거주했던 수많은 페르시아인들에 의해 페르시아 종교와 철학의 가장 중요한 담론인 '사랑'이 중국의 중심부와 주변부를 휩쓸고 지나갔다. 이로 인해 페르시아는 중국 문화에 커다란 영향을 끼쳤으며, 이런 흐름은 중국과 인도를 소통시켰다. 또한 페르시아를 통해 동양과 서양의 만남이 이루어졌으며, 페르시아 문명은 인류 문명의 뿌리이자 교두보 역할을 맡았던 것이다.

이태백과 그의 시를 재조명해 보면 좀 더 확실한 결론에 이르게 된다. 한국의 중국 문학계에서도 그의 시에 대한 번역 작업이 이러한 관점에서 다시 다듬어질 필요가 있다. 이태백은 태백산으로 도사를 찾아가 비밀을 얻고자 했기에 자호를 태백이라 칭했다고 알려져 있다. 이는 중국의 도교와 페르시아 수피즘의 관계를 설명하는 단초를 제공한다. 수피즘(sufism, 진리를 찾는 구도승과 탁발승의 도)을 추종하는 수피(sufi, 도인)와 도사의 의미는 동일한 개념이다. 이태백의 삶의 행로는 페르시아 수피들의 일반적인 전형이기도 했다. 이태백이 말한 호인은 오랑캐와 구별할 필요가 있으며, 오랑캐는 주로 흉노와 그 일파인 투르크족을 가리키는 것으로 보인다.

중앙아시아의 투르크족은 돌궐족이라 알려져 있다. 페르시아어의 문헌에 따르면 투르크족은 아시아 아리안인과 몽골로이드의 혼종으로 언급되어 있다. 일부 우즈베키스탄과 타직키스탄 사람들을 유심히 관찰해 보면 이러한 사실을 어렵지 않게 발견할 수 있다. 그들은 몽골로이드의 얼굴 생김새에 오똑한 코와 둥근 눈을 가지고 있어 아몬드 형의 눈을 가진 한국을 비롯한 동북아시아의 아시아인과는 뚜렷이 구별된다. 오똑한 코를 가진 북방계 한국인은 투르크인과의 구별이 쉽지 않아 투르크인이 아니냐는 질문을 간혹 받곤 한다. 최초의 투르크계 국가로 알려진 페르시아 가즈나비(962~1186) 왕조는 노예 출신이 왕좌에 올랐던 경우로, 이 왕들은 우리와 전혀 무관한 종족이 아니어서 짜릿한 전율이 오기도 한다.

중국으로 건너온 이태백의 부친이 왜 굳이 이씨 성을 택했는지는 알 수 없다. 다만 그의 부친이 당나라 황실의 성을 고려한 것이 아닌가 추측을 할 뿐이다. 이태백의 일가는 후대에 농서 이씨로 본을 정하였으나, 그들의 생애를 통해 제대로 인정받은 것은 아니다.

당나라 황실인 이씨의 조상이 역사서의 기술대로 정말로 한족이었는지는 대단히 의심스럽다. 가령 이씨 일족이 한족이었다고 하더라도 초대 황제 이연은 반쪽만 한족, 2대 당태종은 4분의 1만 한족이었으며 3대 당고종 이치에 이르면 한족의 피는 8분의 1에 지나지 않는다. 순혈의 정도에는 차이가 있지만 당대 24명의 황제 중에서 여황제 측천무후를 제외하고는 많든 적든 이민족의 피를 이어받지 않은 사람은 없다고 할 수 있다.[3]

이러한 정황으로 볼 때, 이태백의 부친이 자신의 성씨를 이씨로 정한 것은 이씨의 혈통이 한족이 아닌 혼혈족이었기 때문이 아닌가 추정되며, 이씨는 안씨처럼 당시 중국의 중심부와 주변부에서 가장 많은 인구를 차지했던 페르시아 계통의 혈통과 무관하지 않아 보인다. 송대까지는 이민족이 황제가 되어도 대체로 자신들의 출신을 은폐하거나 당의 황실처럼 중원의 지배권을 정당화하기 위해 자신들의 조상이 한족임을 주장해 왔다.[4]

이태백이 살았던 당시 중국 당나라 황실은 도교를 존중했기 때문에 중국에서는 외래 종교인 불교가 들어갈 수 있는 토양을 갖추고 있었다. 특히 이태백이 이사한 촉은 도교 교단 형성의 기원이 된 후한 시대의 오두미도(五斗米道)가 발생한 곳이기도 했다. 이러한 지역 사정으로 인해 그는 도교 쪽으로 진출하게 되었으며, 애르편에도 깊이 천착했던 것으로 보인다. 그가 어릴 때부터 도교 공부를 시작한 것도 이와 관련이 깊다. 이태백이 도사(도교를 수행하는 사람)를 찾아다니며 그들과의 교분을 돈독히 했다는 사실은 그의 시를 이해하는 데 중요한 실마리를 제공한다.

밝은 달과 황금 술통

    페르시아인들은 포도주뿐만 아니라 서역에서 수입되는 과일로 술을 제조했다. 구도자들에게 술은 신적 근원을 체험하기 위해 끊임없이 빠져들기를 갈망하는 대상이다. 이태백은 술과 사랑을 노래한 대표적인 시인이다. 술과 사랑, 즉 주색은 페르시아 문학의 중요한 요소이며, 흔히 술은 신의 이슬에 비유된다. 술은 애르펀이나 수피즘과 불가분의 관계로 페르시아 문학과 철학의 영원한 알레고리이자 메타포이다. 이태백이 주색을 노래한 시인으로 평가되는 것은 그의 문학이 페르시아 문학의 근본적인 담론과 일치함을 증명하는 요소이다. 중세 페르시아에서는 주선의 경지에 이른 대시인들이 적지 않았다.

    이태백은 술과 달을 벗 삼은 낭만주의 시인이었다. "우정과 의리, 애국심이 있었으며, 악에 물들지 않은 벗들하고만 통음고가(痛飮高歌) 했다. 현실 참여의 정열은 국가 대의를 바로잡겠다는 순수한 것"5)이었으나, 일부 문헌에서는 출신의 한계 때문에 권력에 다가가기 위해 끊임없이 노력했다고 지적하기도 한다. 악부시 「고랑월행」에서 다음과 같이 읊고 있다.

    어려서 나는 달을 몰라서 흰 구슬 쟁반이라 불렀다.
    구슬을 박은 경대가 푸른 구름 높이 걸려 있는 줄 알았다.

이 작품 속에는 달 외에도 계수나무와 흰 토끼, 두꺼비, 상아 등의 소재가 등장하는데, 이태백에게 달은 어둠을 밝히는 이상의 빛이자, 낭만적인 미신이기도 했다.[6] 달과 토끼에 관한 이야기는 불교와 관련이 깊은데, 페르시아가 불교 국가였다는 사실과 이태백이 이란계라는 점을 감안한다면 그와 페르시아 불교와의 연관성을 배제할 수 없다. 그에게 달은 유희의 존재이면서 무욕의 존재이기도 했다. 그는 달을 신선이 갖고 다니는 거울에 비유하곤 한다. '거울'이란 메타포는 페르시아 문학에서는 물론 심지어 잡지나 가게의 간판으로도 흔하게 사용되고 있다. 명경지수(明鏡止水), 이란인들의 새해 식탁에는 거울이 빠지지 않고 등장한다. 이란과 아프가니스탄, 중앙아시아, 메소포타미아의 일부 지역에서 새해를 뜻하는 '노루즈(noruz, 조로아스터교에서 창조주 아후라마즈다에 의해 천지만물이 창조된 날)'는 참으로 철학적인 의미를 띠고 있다.

페르시아 문학에서는 달이 차고 기우는 것을 매일 변하는 모습 속에 깃든 현상세계의 실제적인 모습과 매달 고정적인 모습 속에 깃든 불변하는 본질이 둘 다 포함되어 있는 것으로 파악하고 있다. 동양과 서양 문화의 모태가 된 페르시아 문화는 '변화'의 동양적 개념과 '불변(초월)'의 서양적 개념을 내포하고 있다. 수피즘에서는 매일 차오르며 변화되는 달의 모습을 생각하면서 구도자가 새로이 깨우침을 얻었다고 한다.

인류 최초의 문명

메소포타미아 문명을 꽃 피운 페르시아 문명

지금까지 인류 최초의 문명은 메소포타미아 지역에서 시작된 것으로 알려져 있다. 그러나 이란에서 발간된 『이란 고대종교』에 따르면 7천 년 역사의 이란이 인류 최고의 문명 발상지임을 알 수 있다. 이란은 페르시아를 계승했으며, 이란인은 페르시아의 후예들이다. 이란이란 국명은 고귀함을 뜻하는 아리안에서 유래했다. 서구에 알려진 2500년의 페르시아 역사는 아리안족이 이란에 유입된 이후의 역사만을 계산한 것이다.

이슬람을 형성하고 있는 저변의 두터운 지층에 7천 년 페르시아 문화와 종교의 영향이 있었다는 사실은 널리 알려져 있지 않다. 20세기 이슬람권 최고의 사상가이자 시인 중의 한 사람인 모함마드 이크발(Mohammad Iqbal, 1877~1938)은 아랍의 침략에 의한 페르시아의 멸망(642년)은 이슬람 역사에 있어서 가장 중요한 사건이라고 지적한 바 있다. 이는 페르시아의 멸망이 정치, 경제, 문화, 음식과 의복에 이르기까지 아랍 문명권에 지대한 영향을 끼쳤다는 사실을 말해 주고 있다.

인류 최초로 역사시대를 개막한 것으로 알려져 있는 메소포타미아의 수메르 문명권은 원래 이란고원에 사는 원주민들의 문명이었다. 이들이 메소포타미아로 옮겨 가서 메소포타미아 문명을 꽃피운 것이다. 상고대 페르시아의 역사는 이란 중부, 동부의 이란고원을 중심으로 한 역사와 이란 서부, 남부의 엘람 왕국의 역사로 구분된다. 엘람의 초기 역사시대는 고대 시기부터 기원전 2225년까지이며 수메르와 아카드 역사와도 강한 유대감을 갖고 있었다. 이라크 인구의 60% 이상을 차지하는 쉬아파는 엘람 시대 이후 계속돼 온 남부 메소포타미아 문명이 페르시아 문명권의 일부임을 확인해 주는 단서이다. 이란은 쉬아파의 종주국이다. 엘람 왕국은 티그리스강 서부 지역에서 파르스 지방의 동부 지역을 경계로 하며, 쿠제스탄과 로레스탄 지역을 포함하는 고대 페르시아의 대국이었다. 특히 엘람의 우르 제3왕조(기원전 2094~기원전 2047) 슐기왕은 실제적으로 정복 사업을 펼쳐 고대사회의 탁월한 지도자로 기억되고 있다. 일부 서구 문헌에서는 엘람을 수메르로 간주해 슐기왕을 수메르의 왕으로 잘못 언급하고 있다.

일반적으로 서아시아 지역에 흩어져 살았던 종족은 세 부류로 나뉘는데, 우리에게 알려진 종족은 엘람인과 히타이트인 등이다. 서구에서는 수메르인을 아리안인으로 간주하지만 이란 고대 역사서에서는 셈족이나 아리안의 어느 한 종족으로 주장하지 않는다. 그들을 고대 이란 지역의 원주민으로 이해하고 있다.[7]

수메르인은 이란고원의 원주민으로서 북동 지역에서 메소포타미아 평원 지역으로 이주했으며, 비옥한 땅과 풍부한 자원을 토대로 문명과 문자를 발전시켰다. 실제로 시알크(Sialk)를 비롯한 이란고원의 중앙부에서 이란 고대의 고고학적인 유적이 발견되었는데, 일부 지역에서 수메르인들이 평원으로 이동하기 전에 이미 철기 문화를 꽃피웠고, 농업과 산업 분야에서도 발전된 문명을 지녔으며, 이 모든 것을 이라크로 옮겨 가서 찬란한 메소포타미아 문명을 발전시킨 것으로 볼 수 있다. 여기에서 알 수 있는 중요한 사실은 가장 오래된 인류 문명과 인쇄술의 기원이 이란(페르시아)이라는 것이다. 수메르인에 관한 주장과 자료는 신빙성을 갖고 있다.[8]

약 3500년 전에 아리안족의 파키스탄인과 일부 인도인은 아대륙(파키스탄과 북인도)[9]의 서북 지역인 편잡[10] 지역에 정착했으며, 그곳에서 진보된 문명을 이루었다. 현재 파키스탄의 모헨조다로와 하라파 문명에서 유적이 발굴되고 있다. 다른 그룹의 이란인들은 중세 콰레즘이라고 알려진 아랄해의 남부에 정착했다. 당시 그 지역은 아리안의 땅으로 불렸으며, 이곳에서 새로운 이란의 우주론과 신화론이 발전했다. 또한 세계에서 가장 불가사의한 민족으로 알려진 히타이트족도 이란 원주민 중의 하나라고 기록되어 있다. 그러나 최근에 발간된 『히타이트』라는 책에 따르면 "우리가 확실하게 알고 있는 것은 단 하나뿐이다. 그들의 기원이 아무리 베일 속에 가려져 있다고 해도 그들은 몽골의 스텝이나 동양의 사막이나 페르시아의 산중에서 흘러들어온 이민족이 아니었다. 그들은─ 언어학적으로 볼 때─ 유럽인들과 상당히 가까운 친척이었다."[11]라고 말하면서 히타이트의 유래에 대해 확실하게 언급하고 있지 못하다. 하지만 이들이 서아시아의 원주민이었다는 사실이 이란 고대사에 적혀 있다.

이란에서 원주민의 역사 이후 아리안족 최초의 왕조는 머드(Medes) 왕조이지만, 한국에는 헤커맨쉬(Hachamanish) 왕조로 잘못 알려져 있다. 고대 페르시아 문학에 앞서 머드 문학과 사카 문학은 이미 형성되어 있었다. 이 언어로 쓰여진 작품이 남아 있지는 않지만, 크테시아스(Ktesias), 디논(Dinon), 헤로도

페르시아 아리안 고대 왕조

왕조명	시기
머드	기원전 708~기원전 550
헤커맨쉬(아케메니드)	기원전 559~기원전 330
살루키	기원전 330~기원전 250
애쉬커니(파르티아)	기원전 247~기원후 224
사산	226~642

토스(Herodotos)를 비롯한 그리스의 역사가들에 의해 이 시대의 이야기와 설화, 우화, 시가 소개되었다. 페르시아 머드조의 다른 문학 작품들은 서사적인 내용으로 이루어져 있으며, 크테시아스의 작품에는 머드조 성립에 관한 이야기가 전해 온다. 고대 페르시아어 서사문학은 구비문학의 형태로 존속되어 왔는데, 헤커맨쉬 왕조의 문서와 파흘라비어로 된 신서(神書, 코더이너메), 왕서(王書, 셔흐너메) 등의 서사적 구비문학이 구전되었고, 이를 그리스의 저술가들이 활용했다. 조피르(Zopyrus)의 설화와 우화, 헤로도토스가 인용한 쿠로쉬 대왕(헤커맨쉬 왕조의 창립자)과 관련된 구비 자료, 그리스 구비문학에서 바르디여(쿠로쉬 대왕의 두 번째 아들)와 관련된 이야기는 페르시아 서사 구비문학과 관련된 것들이다.

역사상 최초의 대제국을 형성했던 헤커맨쉬조, 사산조, 사파비(1501~1732)조 시기에 페르시아는 통일 국가를 이루었지만, 대체로 메소포타미아 문명권과 궤를 같이해 온 서부 지역과 동부 지역의 분할된 구도를 보였다. 이란 서부는 태양을 숭배하는 종교였던 페르시아의 고대 종교 미트라교가 대표적이었는데, 이는 후에 고대 그리스에서도 신으로 군림했다. 기원전 14세기 페르시아에서 발생한 미트라교는 기원전 로마제국에서 크게 성행하였다. 이에 반해 중앙아시아 및 아프가니스탄, 파키스탄 등의 인접권과 궤를 같이 하는 이란 동부는 달 숭배의 근원을 제공했던 것으로 보인다.

최초의 세계국가, 헤커맨쉬 왕조

아리안의 찬란한 문화와 문명은 헤커맨쉬 시대에 시작되었고, 그에 관한 기록들은 아직도 많이 남아 있어 헤커맨쉬의 힘과 영광을 증명하고 있다. 이란에서 아리안 최초의 왕조인 머드조는 역사적인 자료를 수집할 수 있는 시기로, 머드조의 시조는 디여코로 알려져 있다. 그는 하마가마턴 혹은 에카바턴(현재의 하마단)을 수도로 정했다. 머드조의 위대한 지배자 중에서 호바크샤타르는 앗시리아 정부를 전복시키면서 머드 정부를 강화시켰다. 그러나 그의 후계자 어스티여즈가 쿠로쉬 헤커맨쉬에게 정복되면서 머드조는 멸망했다.

쿠로쉬는 헤커맨쉬 왕조의 시조로 도읍을 모르겁(최초의 수도, 그리스인들은 파사르가드로 불렀다)으로 정한 후 리디(리디아, 소아시아에 위치한 고대 지역)국과 바빌로니아를 기원전 539년에 정복하고, 가장 중요한 고대의 세계국가를 세웠다. 다리우쉬 대왕은 가장 위대한 헤커맨쉬 왕조의 황제였으며, 반란을 진압하면서 국가의 내부 체제를 정비했다. 그때부터 영토 확장에 나서 이란의 영토를 중국 국경에서 아프리카의 열대 사막까지 넓혔으며, 지구상에서 가장 강력한 국가로 만들었다.

헤커맨쉬 시대의 이란인들의 언어는 고대 페르시아어 혹은 포르세 가딤이라고 불렸으며 현재 페르시아어의 뿌리이다. 헤커맨쉬 왕들의 비문이나 금판, 은판은 그 시대에 대해 언급하고 있다. 이 언어로 기록된 비문의 단어 총수는 4백 단어를 넘지 않는데, 왕실의 이름과 설명, 정복, 신에 대한 칭송, 거짓과 위선에 대한 비난, 정의와 선에 대한 찬미 등으로 이루어져 있다. 이 비문은 고대 페르시아어 이외에도 앗시리아어, 엘람어와 아람어(성경의 언어로 알려져 있으나 헤커맨쉬 왕조의 공용어로 쓰임)로 적혀 있으며, 헤커맨쉬 왕조의 지배를 받고 있는 국가들 사이에서 보편화된 언어였다.

헤커맨쉬 왕조의 비문은 40개에 이른다. 이중에서 가장 중요한 비문은 타크테잠시드(페르세폴리스, 모르겁 이후의 헤커맨쉬 왕조의 수도), 하마단, 슈쉬, 낙쉐로스탐, 비스툰, 알반드와 번에 위치하고 있다. 비스툰에 있는 비문은 모든 것 중에서 가장 상세하며 420줄, 18,900개의 단어로 되어 있다. 이 비문에서 다리우쉬는 어떠한 방법으로 국내 반란을 진압하고 다른 국가를 정복했는지와 자국 영토의 경계를 설명하고 있다. 또 마지막에는 이란의 위대함과 영광을 기원하고 있다. 낙쉐로스탐에는 아람 문자로 암석 비문에 새겨져 있는데, 지금까지 몇 단어만을 해독했을 뿐이다. 헤커맨쉬 시대의 자국의 언어는 고대 페르시아어였으나 광대한 이 지역의 공용어는 아람어였다. 이외에도 아카드어, 엘람어와 그리스어도 사용되었다.

최초의 문자, 쐐기 문자와 페르시아 문자의 계보

기원전 5000년경 이란고원의 비문에서는 이란 초기 문자가 발견되었다. 못의 모양을 하고 있어 페르시아어로 '미키'라고 부르는 쐐기 문자는 메소포타미아 남부에 위치한 엘람 시대에 사용된 인류 최초의 문자이다. 흔히 문자는 문명을 나타내는 척도라고 하는데, 페르시아는 인쇄술의 기원이 된 국가이기도 하다.

사카어와 머드어, 고대 페르시아어, 아베스타어는 고대 이란의 4가지 언어이다. 이란에서 아리안조 최초의 왕조인 머드조 이후 헤커맨쉬조의 언어와 문자는 고대 페르시아어와 쐐기 문자로 알려져 있다. 헤커맨쉬 왕조의 수도인 타크테잠시드에는 석주가 수없이 많은데, 일부의 돌기둥에는 쐐기 문자가 선명하게 남아 있다. 또한 헤커맨쉬 왕조의 비문에도 쐐기 문자가 남아 있다. 문자의 수는 36개이며 왼쪽에서 오른쪽으로 적었고, 단단한 물체나 돌에 새겼다. 현존하는 최초의 쐐기 문자는 쿠로쉬 대왕 시기의 것이고, 마지막 시기의 것은 아르드쉬르 3세의 것이다. 새기는 작업의 어려움으로 인해 쐐기 문자는 애쉬커니 시대에 줄어들기 시작해 차츰 소멸되었다.

돌에 새긴 것은 물론 헤커맨쉬 왕조의 엽전과 몇몇 그릇, 돌로 만들어진 저울, 그 시대에 남겨진 보석에는 전부 고대 페르시아어가 쐐기 문자로 기록되어 있다. 쐐기 문자를 이해하고 비문의 내용을 파악하기 위해 낙쉐로스탐에 있는 비문 1절의 번역을 싣는다.

아후라마즈다는 위대한 신이다. 그는 이 땅을 창조했다.

그는 저 하늘을 창조했다. 그는 인간을 창조했다. 그는 인간
을 위해 기쁨을 창조했고, 그는 수많은 지배자와 왕들 중에
서 다리우쉬를 왕으로 만들었다.[12)

헤커맨쉬 왕조의 몰락을 계기로 고대 페르시아어는 파흘라
비어와 문자로 바뀌었다. 애쉬커니조와 사산조에는 파흘라비
어와 문자가 본격적으로 사용되었다. 중세 페르시아어는 애쉬
커니조와 사산조의 파흘라비어 외에도 소그드어, 코탄어와 박
트리아어가 사용되었다. 642년 아랍 침략에 의해 페르시아의
사산조가 멸망함으로써 파흘라비어와 문자도 페르시아어와
문자로 변화되었다. 페르시아어 문자는 28자의 아랍어 문자를
받아들였으며, 4자의 페르시아어 고유문자가 첨가되었다. 이
슬람이 도래함으로써 수많은 아랍 어휘가 유입되었으며, 파흘
라비 문자는 아랍 문자로 내체되기 시작했다.

중세 페르시아어인 파흘라비어는 아랍어에 상당한 영향을
주었다. 그러나 사산조의 멸망 이후 2세기 가까이 아랍의 지
배를 받고 난 후, 페르시아 사파리연(868~903)조의 성립부터
근대(문학에서 근대의 개념과 언어학 분야에서의 근대는 그 의미
가 다르다.) 페르시아어는 재등장했다. 아랍의 침략은 문자의
변화를 초래했으며, 페르시아 문명은 그 역사가 단절된 듯 보
이기도 한다. 또한 '아리안의 땅' 이란은 아리안을 강조하다
보니 이전의 역사를 소홀하게 다루었다. 이로 인해 이란은 인
류 최초의 문명이라는 역사적인 중요성에도 불구하고 그 뒤안

길로 묻혀 버렸다. 이란의 역사는 이슬람 이전과 이후로 크게 구분된다. 이 기준의 척도는 단지 아랍의 지배와 사산조의 몰락이 아니다. 이란인들의 오랜 전통과 특성은 아랍의 지배 이후에도 보존되었지만, 종교와 언어, 정치, 사회적인 상황의 변화로 인해 이슬람 이후의 역사는 이전의 역사와 현격한 차이를 보인다.

용감한 전사, 파흘라비허와 그 언어

아랍의 지배를 받기 전에 페르시아는 자신들의 언어와 문자를 파흘라비어와 파흘라비 문자로 이름 지었다. 파흘라비허는 '용감한 전사들'을 뜻하고, 그들의 고향과도 같은 의미를 지닌 말이다. 팔레비왕도 이 용어에서 자신의 왕조를 이름 붙였다. 파르티아의 변형으로 파흘라브(용감한 전사)가 생겨났으며 500년 가까이 로마인들의 침략에 대항해 온 바로 그 용감한 전사들이다.

알렉산더 사후 그의 후계자들 간에 영토가 분할되었으며 살루키는 이란 통치자에 임명되었다. 그는 80년 동안 이란을 지배했고, 이란 동부 코라손(코라산, 후라산)인들의 반란으로 멸망했다. 그리고 애쉬커니(파르티아) 왕조가 들어섰다. 애쉬커니 왕조는 지금의 코라손과 고르건 지역을 중심으로 이란의 동부 지역에 국가를 세웠다. 비스툰에 있는 비문에서 다리우쉬가 통치했던 영역의 일부분에 그 이름이 기록되어 있다.

애쉬커니 왕조가 성립된 후 파흘라비어 혹은 코라손인의 언어는 공용어이자 이란의 궁정어가 되었으며, 아랍이 지배할 때까지 이란의 북부와 동부의 중심 언어로 사용되었다. 애쉬커니조의 파흘라비어는 북부 파흘라비어(사산조의 파흘라비어는 남부 파흘라비어로 알려져 있다)로 알려져 있으나 엽전과 주요 작품을 제외하고 그 기록이 남아 있지 않다. 때때로 파흘라비 단어에서 유려한 페르시아어가 생겨났고 아랍어가 공용어였던 이슬람 시대에 파흘라비어는 페르시아어를 대표하여 아랍어에 대항해서 사용되었다. 고대 페르시아어를 근간으로 하는 이 언어는 시대의 변천과 더불어 많은 변화를 겪었으며 이후 페르시아어와 다리어(아프가니스탄의 페르시아어)의 형태로 나타났다.

마니는 40대에 예언자로 활동했으며, 사산조 셔푸르 1세의 포교에 힘입은 바 크다. 마니교의 중요한 서적 중의 하나인 셔푸르건은 애쉬커니조의 파흘라비어로 적혀 있다. 최근까지 일부 편린들이 투르판(중국 투르키스탄의 지역)에서 입수되고 있는데, 마니교 연구가들에 의하면 애쉬커니조의 파흘라비어와 문자라는 것이 밝혀지고 있다. 20세기 후반에도 애쉬커니조의 파흘라비어로 기록된 문서가 쿠르디스탄의 오러먼에서 발견되었다. 토지와 관련된 2가지 계약서로서 기원전 120년경의 것으로 추정되며 사슴의 가죽에 기록되어 있다.

파흘라비 문자는 결합되지 않은 분리된 문자로서 오른쪽에서 왼쪽으로 적었으며 아랍 문자에서 빌려 왔다. 이란 국적의 칼데아 사람들은 아람 문자를 보급했다. 헤커맨쉬 시대에도 아람 문자가 보편적이었으며 쐐기 문자는 비문과 돌에 새길 때 사용했다. 애쉬커니 시대의 파홀라비 문자는 비문과 돌로 새길 때를 포함해서 모두 사용되었다. 파홀라비 문자는 25자인데, 애쉬커니조의 파홀라비어 알파벳의 가장 큰 취약점은 한 문자가 때때로 몇 가지 다양한 소리를 낸다는 것이었다.

불교와 페르시아

페르시아는 불교 국가였다

중국 북경대학의 왕방유 교수에 따르면 "불교는 안식에 있다."고 주장하고 있다. 안식국은 페르시아 애쉬커니 왕조이다. 부파 불교는 18부 또는 20부로 알려져 있는데, 페르시아 불교는 설일체유부(說一切有部)의 소승불교가 성행했다. 타클라마칸 사막의 양대 길, 남도(南道)와 북도(北道)가 불교 전파와 크게 관련을 가지고 있다. 남도에는 중세 페르시아어인 코탄어와 이란에서 인도로 흘러 들어간 카로샤티 문자를 사용하는 사람들 사이에서 대승불교가 성행하였고, 북도에서는 인도·유럽어를 사용하는 사람들 사이에서 소승불교가 성행하였다고 한다.

살루키조와 애쉬커니 왕조 시기에 이란의 동부 지역에서는 불교가 번창했다. 사산조 시기에는 중국, 인도, 이란의 모든 길에 불교 사원이 존재했다. 불교는 실제로 살루키조 시대에 이란의 동부 지역으로 보급되었다. 기원전 2세기 페르시아 시스탄(Sistan) 지역, 몇몇 소왕국의 왕들은 동전에 부처의 그림을 그려 넣었으며 바로 이 시기, 애쉬커니 시대에 이란인들은 이란 동부 지역의 불교를 중국으로 전파, 보급하는 데 앞장섰다. 사산조 초기의 카르티르(조로아스터교의 성직자) 부왕(副王)이 불교의 보급과 확산을 금지함으로써 살루키조 때 유입되어 수세기 동안 지속된 불교는 사산조 중기에 이르러 서서히 자취를 감추게 되었다.

페르시아 불교는 중국 초기 불교의 토대를 형성해 주었으며, 신라 불교에도 영향을 끼쳤다. 한국과 이슬람 지역과의 역사적 관계는 7세기경으로 거슬러 올라간다. 경남 지역에서 흔히 볼 수 있는 자기나 도기, 유리그릇은 해로를 통해 신라에 들어온 것으로 추정된다. 이 시기에 호인이라 불리는 페르시아인을 비롯한 서역인들이 신라에 진출했다. 12세기 아랍의 지리학자 앗 디마시끼는 신라에 이주한 무슬림에 대하여 "알리파(모함마드 사후 제4대 칼리파로 656년부터 661년까지 집권한 알리의 추종자)들은 아랍의 우마위야 왕조에 쫓겨 신라로 도망하였다."고 적고 있다.[13] 이러한 사실로 미루어 볼 때 신라 불교에 끼친 페르시아 불교의 영향과 더불어 실제적으로 신라에 온 무슬림들 중에서 페르시아인들이 상당수에 이르렀던 것을 짐작할 수 있다. 쉬아파들은 알리의 추종자들이고 알리는 이슬람을 받아들인 최초의 사람이었다.

현재 아프가니스탄이 불교 국가였다는 사실은 널리 알려져 있지만 그 지방이 살루키조와 애쉬커니조와 같은 페르시아 불교 국가 중의 일부 지역이었다는 사실은 잘 알려져 있지 않다. 따라서 불교 철학을 이해하기 위해서는 페르시아 불교를 깊이 연구할 필요가 있다.

중국 불교의 토대를 닦은 이는 구마라습(344~413)으로 알려져 있으나, 2세기 중엽에 페르시아 애쉬커니 왕조의 승려, 안세고와 안현에 의해 불교는 이미 중국에 전파되었다. 안세고는 최초의 불경 번역가로서 특히 아비담학에 정통하였다. 그는 중국에 가장 일찍 들어온 안식국(애쉬커니 왕국)의 승려로서 후세에 절대적인 영향을 끼쳤다.

페르시아 불교를 널리 퍼뜨리기 위해 중국에 왔던 안세고는 고대 중국 불교를 성립시키는 데 지대한 공헌을 했다. 페르시아 애쉬커니조의 왕족 출신 승려였던 그는 동한(후한) 왕조의 환제 통치기 148년 당시 중국의 수도였던 낙양에 도착했다. 그는 중국어로 된 수많은 불경을 번역하면서 중국인 제자들에게 불교를 가르쳤으며, 중국에서 상당한 존경을 받았다. 파르티아 상인이면서 평신도였던 안현은 조금 늦게 낙양에 도착했다. 그는 불교를 전파시킨 공로를 인정받아 정부로부터 공식적인 직함이 수여되었다. 불교 이론에 관한 토론에서 안현의 능력은 사람들에 의해 널리 칭송되었다. 페르시아 불교의 사상은 후에 페르시아 수피즘(애르편)으로 이어졌고, 페르시아 수피즘은 마니교의 토대를 이루었다. 조로아스터교의 직접적 영향을 받은 마니교는 불교적인 색채가 짙고 신불교적인 경향을 띠었다. 마니교는 3세기 중국에 도입되어 중국에서는 현교라 불렸으며 7세기에 공식적인 종교가 되었다.

타크테잠시드(페르세폴리스)와 연꽃 무늬

이란, 파키스탄, 인도의 관계는 파키스탄의 일부 지역이 고대 페르시아 제국의 한 주를 형성했던 시기로만 거슬러 올라가는 것은 아니다. 아리안들은 여러 차례에 걸쳐 아대륙에 정착한 것으로 보이는데, 이란과 파키스탄 간에 상호 접촉이 이루어진 시기는 기원전 4000년경으로 거슬러 올라간다. 두 나라 간의 문화적인 연관성은 하라파, 모헨조다로(기원전 3000~기원전 1700)와 인더스 문명(기원전 2350~기원전 1750)의 지역들이 발견되면서 처음으로 관심을 끌었다. 이 지역의 문화적 자료와 유물은 이란과 유사성을 보여주고 있다. 특히 인더스 계곡과 발루치스탄의 조사에서는 더욱더 많은 자료가 발견되었는데, 이를 토대로 그 기원이 이란임을 알 수 있다. 기원전 1700년경 아리안들의 침입에 의해 모헨조다로 문명은 급격하게 쇠퇴한 것으로 역사가들은 보고 있다. 아리안들이 아대륙에 첫 번째로 이주한 것은 기원전 2000~기원전 1500년경이다.

기원전 8세기 파키스탄과 인도의 일부 지역에는 이란에서 세워진 최초의 아리안 왕조인 머드조가 존재했으며, 그 중심 지역은 현재 파키스탄 편잡 주에 있는 도시, 시알코트이다. 머드 아리안들이 파키스탄과 인도로 들어오자 그곳의 다른 아리안들의 존경을 받았다. 갠지스 강 하류에 정착해 있던 아리안들은 머드 아리안들의 고귀함을 믿었기 때문에 교육과 종교학의 완성을 위해 그들에게 몰려들었다. 이란과 아대륙의 역사적 관계는 헤커맨쉬 시대로 들어서면서 한층 더 분명해진다. 헤커맨쉬 왕조의 궁전이 있었던 타크테잠시드의 돌 위에 쓰여진 글과 그림으로 이 둘의 관계를 알 수 있다. 또한 파키스탄은 기원전 513년 이전에 페르시아 헤커맨쉬 왕조의 한 주를 형성하고 있었음을 타크테잠시드의 돌 위에 쓰여진 글을 통해 알 수 있다.

타크테잠시드는 헤커맨쉬 왕조의 수도로서 그리스인에 의해 페르세폴리스라고 불렸다. 최근 일각에서 이곳이 왕궁이 아니라 절이라는 설도 제기되고 있다. 이곳에서 연꽃과 향로가 발견되었기 때문이다. 불교에서 연꽃은 청정함의 상징으로 극락세계를 비유하기도 하고, 환생이나 왕생(이승을 떠나 정토에 태어나는 일)을 의미하는 중요한 상징이다. 이에 반해 조로아스터교에서는 연꽃을 아리안들의 정신세계이자 평화의 상징으로 본다. 타크테잠시드는 페르시아의 남부 도시 쉬러즈에서 북동쪽으로 70킬로미터 정도 떨어져 있다. 다리우쉬 1세 때 건축물을 짓기 시작했지만 이후 다리우쉬의 이름은 잊혀졌다. 다리우쉬를 대신해서 잠시드(페르시아 신화 속의 왕으로 이란인들에게 왕 중의 왕이라는 이미지로 남아 있음.)의 이름을 기억했던 것이다. 타크테잠시드는 '잠시드의 왕좌'란 의미를 담고 있다. 타크테잠시드의 주요 유적으로는 알렉산더가 태워버린 성채가 남아 있다. 잿빛 산의 앞 부분에 성채 지역이 있는데 라흐마트 산이라고도 부른다.

카셔여르왕 집권시에는 인도군과 이란군이 그리스군에 대항해 전쟁을 치루기도 했다. 어쨌든 헤커맨쉬 왕조는 알렉산더의 손에 멸망했다. 그러나 이 시기 페르시아의 헤커맨쉬 왕조는 건축술을 포함해 아대륙에 엄청난 영향을 끼쳤고, 카로샤티 문자도 이란에서 인도로 유입되었다. 인도의 첫 번째 왕인 아쇼카왕은 자신의 명령과 훈계를 돌과 바위에 새겼다. 아쇼카의 대부분의 문화는 헤커맨쉬 왕들의 문화를 모방하고 있다. 아쇼카왕이 건립한 부다가야의 난간에 있는 것이 가장 오래된 연꽃 무늬라 알려져 있지만, 그 이전에 타크테잠시드의 연꽃 무늬와 관련이 있는 것으로 추정된다. 언어학자들이 산스크리트어와 아베스타어가 동일한 기원에 그 바탕을 두고 있다고 믿고 있는 이유도 이 때문이다. 그리스의 『헤로도토스 역사』는 이 시기에 대한 귀중한 서적으로 유용하고 신빙성 있는 자료를 제시하고 있다.

한국의 안씨 성은 페르시아의 후예?

현대 이란을 이해하려면 고대 페르시아의 종교적인 전통을 이해하는 것이 선행되어야 한다. 페르시아는 세계 종교의 근원이라 할 만큼 다양한 종교가 출현했다. 우선 태양을 숭배하는 미트라교를 포함해서, 우리가 흔히 짜라투스트라라고 알고 있는 조로아스터교로 이어진다. 이후 페르시아 살루키와 파르티아 왕조에서는 불교가 성행했고, 개혁적 성향의 신불교로 알려진 마니교가 페르시아 아리안족의 종교 전통을 이어갔다.

고대 중국에서는 이란고원에 위치한 애쉬커니 왕국을 가리키던 안식이란 지명은 『사기』123권 「대원별전」과 『한서』96권 「서역전」에 처음으로 등장한다. 『사기』와 『한서』가 안식의 상황을 비교적 상세하게 기록했을지라도 불교에 대해서는 언급하지 않았다. 그러나 이것은 전혀 이상하지 않다. 서한 무제 때 중국인은 불교에 대해 대체로 하나도 아는 바가 없었기 때문이다. 동한 명제 때 불교가 이미 한나라의 여러 지역에 전해졌지만 다수의 중국인은 불교에 대해 아마도 그다지 주목하지 않았다고 인정된다. 안식국의 지역은 이란고원 전체와 두 강(아무, 시르) 유역을 포함했다. 동쪽으로 대월씨(쿠샨 왕조)와 서북 인도는 서로 인접해 있었다.

안식국은 북으로는 중세 페르시아어를 사용한 소그드 국과 인접해 있었으며, 작은 성이 수백 개나 되었다. 인구가 많고 군대가 강성하여 이백년 동안 가장 흥성하였다. 투르크메니스탄의 마르브(혹은 마리)는 안식 왕조의 가장 큰 도시였으며 지금도 페르시아어를 쓰고 있다. 이 지역은 페르시아 문화와 종교, 역사적인 배경 때문에 투르크메니스탄 정부에 대해 불만 세력이 가장 많으면서 반란의 소지를 안고 있는 지역이다. 고고학적인 유물로는 여기에서 불사의 유적지와 탑이 발견되었고, 불상과 산스크리트어[梵文] 비문도 출토되었다. 이 시기는 서기 3~4세기 정도에 해당된다.

안식국은 224년까지 지속했다. 안식국을 계승한 국가는 파사(波斯, 페르시아 사산조)이다. 운무제, 법현, 법흠 등은 이 시기를 전후해서 중국에 왔다. 그 후 중국 역사서에 안식이란 국명은 '파사'로 대체되어 사용되었다. 그러나 초기 중국에 온 안식인과 후세들은 오랫동안 안(安)씨 성을 사용하였다. 진나라에서 수나라에 이르기까지 이름을 떨쳤던 고승 길장은 속성(俗姓)이 안씨이고 그의 조상이 바닷길을 통해 중국으로 온 안식인이었다. 길장은 나중에 중국 불교의 삼륜종을 창립하여 풍부한 저술을 남긴다. 중국 당나라 때 반란을 일으킨 무장(武將) 안록산도 이란계라는 사실을 그의 성씨에서 쉽게 짐작할 수 있다. 수세기에 걸쳐 중국에 온 사람들은 안식국 사람뿐만 아니라 그들의 후손까지도 포함된다. 이처럼 중국 문화가 발전하는 데 페르시아인들은 매우 큰 공헌을 했다. 안씨 성을 가진 페르시아 인들이 중국을 거쳐 한국에까지 진출했다는 것도 어렵지 않게 짐작할 수 있다. 다수의 성씨가 중국을 통해 한국에 유입되었기 때문이다.

페르시아인 달마가 중국에 온 까닭

중국 불교 선종에서 그 종파의 조사(祖師)로 존경받는 달마는 어디 사람인가? 달마의 출생에 관해 정확히는 알 수 없으나 6세기 초 서역에서 화북으로 건너와 낙양을 중심으로 활동한 것으로 알려져 있다. 달마의 사적을 기록한 것 중에 비교적 빠른 시기에 작성되었으며 내용이 상세한 것은 당초(唐初) 도선이 지은 『속고승전』 16권 중에 있는 그에 관한 전기이다. 『속고승전』에서는 그가 남천축 사람이라고 기록되어 있다. 그러나 이것보다 더 앞선 자료인 북위 양현지의 『낙양가람기』 1권 「영령사」에 따르면 "승려 보리달마라는 자는 파사국 호인(波斯國 胡人)이다."라고 기록되어 있다. 즉 사산조의 페르시아인이라는 말이다.

중국의 선종은 애르펀의 체계를 따르고 있다는 것이 눈에 띈다. 즉, 애르펀에서 가장 중요한 문제로 다루어지고 있는 '존재의 유일성(통일성)'의 개념이 선종 안에 그대로 담겨 있다. 존재의 유일성은 범신론의 의미와 동일한데, 범신론이란 우주의 모든 것은 하나의 존재에서 비롯되며 그 하나의 존재가 바로 신이라고 하는 사상이다. 아리안인이라고 알려져 있는 부처와 신불교적 개혁적 성향을 내보인 마니 이후, 또 한 차례 불교적 혁명이 달마로부터 시작된다. 선종은 불립문자 교외별전(문자나 언어, 경전에 의하지 않고 사제의 마음에서 마음으로 의미를 전하는 것), 직지인심 견성성불(바로 자기의 마음을 파악함으로써 자신이 본래 부처였음을 깨닫는 것)을 특색으로 하는 종파이다.

달마는 부처로부터 28대 조사이며, 정법을 전하기 위해 중국에 건너 왔다. 교종과 교가가 독특한 선종은 달마를 조사로 창시된다. "선종의 명칭은 달마종이며 6대 혜능에서 다시 여러 대를 내려와 송대에 이르고 있다. 선종은 불립문자, 견성성불의 종지이기 때문에 다른 종파와 같이 한 종파 교학이 소의(所衣)로 하고 있는 경전이나 조사의 저서를 갖지 않는다. 달마종, 달마선이라고 불리는 것처럼 달마가 큰 비중을 차지한다. 그의 사상과 언행이 직접 규범이 되는 것이다."14) 20세기 들어와 돈황에서 발견된 달마의 어록은 벽관으로 일컬어지는 독자적인 선법과 제자들과의 문답이 확인되면서 그 실상이 밝혀졌는데, 페르시아 불교와의 깊은 연관성을 드러낸다.

짜라투스트라는 이렇게 말했다

니체와 짜라투스트라

짜라투스트라는 페르시아의 예언자이며, 조로아스터라고도 한다. 니체의 『짜라투스트라는 이렇게 말했다』라는 책으로 우리에게 익숙한 짜라투스트라는 조로아스터와 동일 인물로 원어로는 자르토쉬트라고 말한다. 20세기 철학과 사상의 최고봉이라 불리면서 후기 구조주의자들에게까지 지대한 영향을 끼쳤던 니체, 그가 조로아스터에게 열광했던 이유는 무엇일까? 그는 인류 최초의 문명이었던 페르시아 문명과 최초 인간의 정신적인 지도자로 기억되고 있는 조로아스터에 대해 말하고 싶었을 것이다. 수많은 독일 병사들은 제1차세계대전 당시 한

쪽 주머니에는 성경을, 다른 한 쪽에는 니체의『짜라투스트라
는 이렇게 말했다』를 간직했다고 할 정도이다. 17세기 말까지
조로아스터와 그의 종교에 대해서는 알려진 것이 거의 없었
다. 프랑스 여행가 안케틸 두 페론에 의해 이 종교에 대한 고대
문헌이 발견됨으로써 조로아스터는 새롭게 조명되었다.『벤디
다드』와『분다히슨(창조의 서)』과 같은 종교 서적들의 발견과
번역은 그 종교의 원리와 우주 또는 창조주에 대한 조로아스
터의 기본적인 관점을 알 수 있게 해 주었다.

　석가, 노자, 공자와 소크라테스는 기원전 5세기경에 태어났
다. 동서양에 걸쳐 위대한 성인들이 같은 시기에 태어났다는
것은 참으로 놀라운 사실이다. 이것은 단지 우연이었을까? 기
원전 5세기경 인류의 성인들이 동서양을 통해 배출된 것은 그
이전에 정지 작업을 해놓은 성자(예언자)가 있었음을 추측케
한다. 여러 문헌들을 통해 볼 때, 조로아스터가 그 역할을 수
행하지 않았나 짐작을 해 본다.

　모든 니체 연구 서적에는 어떤 형식으로든 ‘짜라투스트라’
를 인용하지 않은 것이 없다. 특히 최근에 프랑스의 후기 구
조주의자들과 포스트모더니스트들은 — 니체에서 자기들의 철
학적 입장의 선구자를 보았고 — 니체 철학에 깊이 몰두했으며,
그와 동시에 가능한 한 다양한 조망에서 ‘짜라투스트라’를 연
구했다. 피에르 클로소브스키는 ‘짜라투스트라’에서 별을 보
았다. 이 별에 비하면 니체는 단순히 위성에 불과하다.”15)

니체는 『이 사람을 보라』에서 다음과 같이 말하고 있다.

다른 사람 아닌 내 입에서, 최초의 비도덕가인 내 입에서
'짜라투스트라'라는 이름을 듣고 사람들은 이 이름이 무엇
을 의미하는가를 나에게 물었는데 그들은 당연히 물을 만하
다. 역사에 있어서 저 페르시아인의 거대한 독자성은 정녕
비도덕가와는 반대되는 것이기 때문이다. 짜라투스트라는
선과 악의 싸움에서 여러 사물의 운행에 있어서의 본래의
톱니바퀴를 본 최초의 인물이었다. 짜라투스트라는 가장 숙
명적인 오류, 곧 도덕을 창조했다. 따라서 그는 이 오류를
인식하는 점에서도 최초의 인물임에 틀림없다. 그가 이러한
점에서 다른 사상가들보다도 오랫동안의 풍부한 경험을 갖
고 있을 뿐 아니라 모든 역사는 사실상 '도덕적 세계 질서'
라는 명제에 대한 실험적 반박이다. 가장 중요한 점은 다른
사상가들보다도 성실하다는 것이다. 그의 가르침은, 그리고
그의 가르침만이 최초의 덕으로서의 성실을, 곧 현실로부터
도피하는 '이상주의자'의 비겁에 정반대되는 것을 갖고 있
다. 짜라투스트라는 모든 사상가들을 모아 놓은 것보다도
더 많은 용기를 갖고 있다. 진리를 말하고 '화살을 잘 쏜다
는 것', 이것이 페르시아의 덕이다. 내가 말하는 것을 이해
하는가? ……성실로 말미암은 도덕의 자기 초극, 도덕가를
그 반대쪽으로—나에게로—자기 초극시키는 것, 이것이 내
입으로 말하는 짜라투스트라라는 사람의 의미이다.[16]

『아베스타』의 「가트허(조로아스터의 찬가와 시편)」에 따르면 조로아스터는 대부분의 젊은 시절을 존재의 수수께끼를 구하기 위해 사막에서 명상으로 보냈다고 한다. 조로아스터는 가축, 식물, 인류의 창조주와 은혜를 베푸는 주님으로서 전지전능의 신(아후라마즈다)에 대한 인식, 내세에서도 분명히 정점에 이르게 할 수 있을 뿐만 아니라 현세에서 번영에 이르게 하는 방법을 찾으려고 몰두했다.

짜라투스트라가 30세에 산으로 들어가 10년 동안 고독한 생활을 했다는 이야기는 예수의 이른바 '황야의 유혹'에 대항하는 이야기이다. 더구나 예수의 40일 간의 고행에 대하여 짜라투스트라는 10년이나 고독한 생활을 보낸 것으로 설정되어 있다. 다시 말하면 40세라는 성숙한 나이가 되어서야 비로소 짜라투스트라는 설교를 시작하는 것이다. 여기에는 니체의 독특한 예수 비판이 암시되어 있다. 곧 예수의 가르침에는 청년 특유의 결함—미숙과 경솔—이 있다는 것이다.[17]

조로아스터는 다신론의 사회에서 이신론(선신과 악신)을 거쳐 일신론의 사회로 나아가는 데 결정적인 역할을 한 최초의 성자이다. 그는 이란의 서부 지역, 아제르바이잔(지금의 레저이예 호수 근처)에서 태어났다. 그의 아버지의 이름은 푸루샤습이고, 어머니의 이름은 다고두이다. 그의 출생 시기에 관해서는 사가들 사이에서 의견이 분분하다. 일부 사가들은 그의 출생 시기를 기원전 660년경으로 보거나 일부에서는 기원전 650년 경으로 추정한다. 『아베스타』를 연구한 대부분의 학자들은 그를 최초의 정신적인 지도자이자 율법자로 말하고 있다.

조로아스터 에스피터문은 청년 시절 우상숭배자들이 바른 말, 바른 행동, 바른 사고를 갖도록 인도하는 데 온힘을 쏟았다. 그는 나이 스물에 백성의 괴로움을 아파하며 세상을 떠나 은둔처에 칩거하면서 금욕 생활을 시작하였다. 그리고 삼십대에 신으로부터 예언자로 점지되어 우상숭배를 금지했으며, 유일신을 믿도록 설득했다. 당시의 사회 지도층은 그를 괴롭히고 죽이려고 계획했다. 10년 후 조로아스터는 어쩔 수 없이 고향을 등지고 추종자들과 함께 동부지방의 발크로 향했다. 당시 발크의 왕은 카이연 왕조의 라흐르 이습의 아들인 갸쉬터습이었다. 이란인 예언자 조로아스터는 발크 국왕에게 자신의 요구를 밝혔으며, 카이 갸쉬터습은 조로아스터교(배화교)를 받아들이고 그를 보호하며 격려했다. 그의 가르침을 전도하기 위해 12,000마리의 소가죽을 무두질하고 햇볕에 그을린 후, 그 위에 글을 써 금박으로 테두리를 입혀 아베스타 경전을 만들도록 명령하였다. 그 복사 경전 중의 한 본은 어자르가쉬샵의 조로아스터교 사원(배화당)에, 또 다른 경전은 타크테잠시드에 두었다. 조로아스터는 발크와 투란과의 전쟁에서 발크의 조로아스터교 사원에서 투란인에 의해 피살되면서 55세의 일기로 생을 마쳤다.

최초의 문학적 사료는 조로아스터교의 『아베스타』 경전으로 알려져 있다. 조로아스터가 등장하기 이전까지 아리안들은 이란에서 함께 생활했으나 조로아스터의 등장은 그들이 분리되는 계기가 되었다. 『베다』 경전은 조로아스터의 출현으로 아리안이 이란 아리안과 인도 아리안으로 분리되고 나서 인도 아리안들이 편잡에 정착한 후 기록한 최초의 문학으로 간주되고 있다.

아르드쉬르 버베컨(226~241)은 애쉬커니조의 마지막 왕인 아르다번을 물리쳐 그 왕조를 멸망시키고 사산조를 세웠다. 그는 수도를 북부에서 남부로 옮기고, 알렉산더가 통치하던 시기부터 조금씩 발전을 해오던 조로아스터교를 이란의 종교로 삼았다. 조로아스터가 조로아스터교를 세운지 8세기 만에 국교로 정해진 것이다. 이것은 꺼져가던 조로아스터교 사원에 불을 지폈다. 아르드쉬르는 종교 사업을 소생시키고 국가 사업을 정비하는 데 주력했다. 그의 계승자들은 국가의 번영은 물론 학문과 문화의 확대, 민족적인 예의 범절을 보급하는 데 심혈을 기울였다. 사산조 시대에는 아베스타가 수집되었고 번역과 해설서가 파흘라비어로 쓰였다. 사산조의 파흘라비어는 흔적이 많이 남아 있는데, 가장 중요한 부분이 종교, 도덕, 문학 서적에 관한 것들이다.

조로아스터 가르침의 근본 원리

조로아스터의 말에 따르면, 이 세상은 물질과 정신으로 나누어져 있으며, 전지전능한 존재(아후라마즈다)가 있어 그의 주관에 의해 이루어진다. 이 우주는 서로 상반되는 힘, 즉 선과 악의 영향 하에 있으므로 실재의 완전함에 도달하기 위해서는 반드시 악을 멀리하고 선을 행해야 한다. 실재의 완전함에 이르기 위해 세 가지 기본 원칙이 있는데, 바른 말, 바른 행동, 바른 사고를 종교 강령으로 준수해야 한다. 조로아스터는 부처와 같이 각자의 구원은 해탈에 있어 모든 물질적인 즐거움으로부터 관계를 끊고 가부좌를 틀고 금욕생활에 접어들어야 한다고 가르치지 않는다. 인생은 선과 악 사이에서 끊임없이 갈등하기 마련이며, 인간은 사회생활을 위해 유용한 노력을 쏟아야 하고, 정의의 지지자는 악에 대항해 싸워야 한다고 보았다.

조로아스터는 자신의 추종자들에게 아메셔 스판드(죽지 않고 성스러운 것, 최고의 천사)를 숭배토록 교화한다. 6가지 원리로 이루어진 아메셔 스판드는 신의 속성이기에 인간은 이 원리들을 자신의 양심 속에서 성장시키고 생의 행복과 내세 구원에 힘쓰는 것이다. 아메셔 스판드는 오르디베헤쉬트, 바흐만, 샤흐리바르, 새판더르마즈, 코르더드와 아모르더드로 이루어진다.

① 오르디베헤쉬트: 정직함, 깨끗함, 진실의 의미를 담고 있다. 세속적인 행복을 통해서만 내세의 구원이 있다고 본다. 물질 세상에서 이 천사는 불의 보호자이다.

② 바흐만: 바른 사고란 뜻이다. 바른 사고를 통해 인간은 깨끗한 양심을 가질 수 있으며 타인들을 행복과 진리의 길로 인도할 수 있다. 물질 세상에서 바흐만의 임무는 유용한 동물을 기르고 보호하는 것이다.

③ 샤흐리바르: 선택된 군주 정부란 뜻이다. 세상에서 인간은 노력해야 하고 자신의 모든 힘을 다른 사람의 행복을 위해 사용해야 한다. 정신세계에서 샤흐리바르는 신의 왕국을 나타낸다. 물질세상에서 부유한 자, 권세 있는 자의 대리 역할을 담당하며 금속의 보호자이다. 이 천사는 정의로운 왕에게 승리의 영광을 안겨준다.

④ 새판더르마즈: 겸손과 인내심의 뜻이다. 이 천사는 물질세상에서 땅의 보호자이다. 인간은 여러 면에 걸쳐 더럽혀진 자신의 몸과 마음을 이러한 사랑의 천사를 추종함으로써 정화시킨다. 모든 창조물에 대해 고개를 숙이고 겸손하게 대지의 번영을 위해 노력한다. 직무에 충실하면 이 천사는 인간에게 즐거움과 위안을 줄 것이다.

⑤ 코르더드: 성취 또는 완성이란 뜻이다. 정신적인 성숙은 육체적인 결함이 생기면 힘들다. 그래서 건강에 대한 관심이 무엇보다 중요하다. 건강한 육체에서 건전한 정신이 싹트기 때문이다. 병든 사람은 신(神)을 인식하는 길로 나아가지 못한다. 진리를 얻어 올바른 형태로 생의 문제를 풀어나가는 데 자신의 존재가 건강할 때만이 남에게 이로움을 준다. 코르더드는 물질세상에서 물의 천사이다.

⑥ 아모르더드: 불멸성과 영원함을 뜻한다. 물질세상에서

이 천사는 식물과 채소의 보호자이다. 정신세계에서 아후라 마즈다의 영원성을 나타낸다. 종교와 교육의 임무를 완성해서 코르더드의 경지에 이르면 영원성을 가진 아모르더드 천사의 축복 속에 이득을 얻는다. 육체적인 죽음 이후 그의 성스러운 영혼은 천국에서 영원히 산다.

조로아스터교의 경전 『아베스타』

아리안들의 가장 오래된 유산이자 문학 작품은 『아베스타』이다. 『아베스타』는 고대 이란인들과 조로아스터인들의 경전으로서 5장으로 구성되어 있다. 아베스타어는 이란인들의 가장 오래된 언어 중의 하나이며 이란의 동부 지역과 북동 지역에서 통용되었다. 이 언어는 인도인의 오랜 문학어인 산스크리트어와 완벽한 유사점을 가지고 있어 인도인과 이란인들이 생활과 언어를 공유했다는 증거가 된다. 즉, 아베스타어와 산스크리트어는 한 뿌리에서 시작되었다. 기원전 7세기 중엽에 조로아스터교는 이란의 서부 지역 혹은 북서 지역에서 발생했으며 이란의 동부 지역에서도 관심을 가졌다. 조로아스터의 추종자인 고쉬터습과 갸르셔습은 이란 동부 출신이며, 조로아스터의 언어인 아베스타어는 동부 지방에서도 통용되었다. 조로아스터의 종교적인 찬가로 이루어진 「가트허」는 커다란 변형 없이 아직까지 그대로 남아 있다.

이란인들은 21장의 『아베스타』를 보존해 왔는데, 알렉산더

통치 시기에 그 일부가 사라졌다. 애쉬커니조의 발러쉬 1세 때 조로아스터교 사제들의 기억 속에 흩어져 있는 『아베스타』를 수집하기 위해 노력했다. 그러나 제대로 수집하기 시작한 시기는 아르드쉬르 버베컨 시대이다. 일부 조로아스터교 사제들의 대표들은 그 시기 조로아스터교 최고의 성직자였던 탄사르와 함께 『아베스타』 수집에 몰두했다. 아르드쉬르 이후 그의 아들, 셔푸르 1세는 흩어져 있던 『아베스타』의 편린들을 수집했다. 사산조의 셔푸르 2세(309~370 재위) 시기에 조로아스터교 신도들 사이에서 종교 의식에 관한 이견이 나타나자, 셔푸르는 최고의 사제로 불렸던 어자르바드 매흐르 에스판던에게 명하여 『아베스타』 경전을 참조해 그 의미를 정리토록 했다.

쉬아파와 수피즘

쉬아파에 대한 그릇된 이해

기독교의 종파가 20여 개로 분리되어 있는 것과 같이 이슬람의 종파도 70여 개로 분리되어 있다. 이중에서 주요 종파로 순니파와 쉬아파가 있다. 순니파에서는 지도자(칼리파, 이맘)를 예언자 부족인 메카의 쿠라이쉬 부족 출신으로 한정하고 있는 데 반해, 쉬아파에서는 혈족의 범위 내에서 지도자가 선정되어야 한다고 믿는다. 알리는 예언자 모함마드의 딸 파티마와 결혼함으로써 사위이자 사촌이다. 예언자 모함마드가 지도자 아부 바크르(632~634 재위), 오마르(634~644 재위), 오스만(644~656 재위) 이전에 알리(656~661 재위)를 지명했다고 보고 있다. 즉 쉬아파는 모함마드 사후의 4명의 정통 칼리파, 아부 바크르, 오마르, 오스만, 알리 중에서 알리를 제외한 1대에서 3대까지의 지도자를 인정하지 않는다.

순니파와 쉬아파의 초기 갈래에서 볼 때, 이러한 관점은 한편으로 사실이겠지만, 알리(661 죽음)가 살해된 이후 8백여 년이 지나 사파비(1501~1732) 왕조에서 쉬아파는 국교로 공인되었다. 조로아스터교가 창시된 이래 사산조에서 국교로 성립되기까지의 기간은 알리가 쉬아파를 형성하여 페르시아 사파비조에서 국교로 공인되는 기간과 거의 동일하여 역사에서의 묘한 반복을 보는 듯하다. 쉬아파의 성립과 국교로서의 공인은 페르시아(이란)의 정체성을 확인하려는 시도임을 염두에 둘 필요가 있다. 다시 말해 조로아스터교와 불교로 이어지는 아리안의 종교 전통이 셈족의 이슬람교인 외래 종교를 받아들이면서 자신들만의 고유한 신앙 체계를 세울 필요가 있었다는 것이다. 이외에도 쉬아파에서는 모함마드의 후계자로 선정한 알리의 후손들을 칼리파(지도자)와는 달리 이맘(성인)으로 칭하며 숭배하고 있는 데 비해, 순니파에서는 이를 인정하지 않는다. 순니와 쉬아는 종교적 관행에서뿐만 아니라 예배 의식, 이슬람 법학, 결혼, 이혼, 재혼, 재산 분배, 상속과 관련된 일체 법률적인 문제에서 차이점을 드러내고 있다.

알리를 따르는 무리라는 의미의 쉬아파와 그 근본 교리인 쉬이즘(Shiism)은 조로아스터교와 페르시아 불교의 사상으로 형성된 애르펀에서 시작되었으며, 이슬람의 도래 이후 애르펀은 수피즘으로 그 용어가 바뀌었다. 쉬아파의 성직자들이 일부 쟁점에서 수피들과 다른 견해를 보인다고 하더라도 기본적으로 쉬이즘과 수피즘은 동일한 뿌리에서 출발하였다는 사실을 염두에 두어야 한다. 순니와 쉬아의 논쟁은 16세기 이후 경쟁 관계였던 페르시아의 사파비(국교를 쉬아로 정함.)조와 오스만제국 이후 더욱 격렬해졌다.

지금까지 쉬이즘에 대한 제대로 된 연구도 많지 않았거니와 그 연구의 방향도 아랍 이슬람 학자들에 의해 주로 진행되었다. 이는 쉬아파의 종주국 이란의 경우에서도 그 예외는 아니어서 서구 세계에 널리 알릴 영어 서적을 많이 발간하지 못했다.

단지 서구 학자들에 의해 지난 세기 방대한 양의 서적이 발간되었지만 오리엔탈리즘과 비교 종교학의 측면에서 다루어져 역사적인 사실로 정확하게 서술되기는 어려웠다. 따라서 이러한 연구는 이슬람의 내부를 정확하게 읽어내는 통찰력을 가질 수도 없었다. 지금까지 쉬이즘은 큰 관심을 끌지 못하고 있다. 일부는 원래의 쉬이즘과 비교(秘敎)를 동일시하고 있다. 쉬아 전통 내에서 사이드 하이다르 아몰리(Sayyid Haydar Amoli)는 쉬아 그노시스(gnosis, 초감각적인 신과의 융합의 체험을 가능하게 하는 신비적 직관)에 대해 쉬이즘과 수피즘을 동일한 것으로 말하고 있다. 그의 대표적인 저작물, 『저미 알 아스러르(하나님의 신비에 대한 개론)』에서 아몰리의 주된 의도는 수피즘과 쉬이즘이 동일한 것을 보여주려는 것이었다. 그러나 쉬이즘의 전체성을 고려한다면 비교(秘敎)적인 요소 이외에도 인간 공동체를 다스리는 법, 현교적인 측면을 빼놓아서는 안 된다. 알리는 인간 사회를 통치했으며 6대 이맘, 자파르 알 사딕은 쉬아 열두 이맘의 법학파를 설립했다. 그러나 앞서 언급한 대로 비교(秘敎)는 특히 사랑(마합바)론의 형태에 있어 쉬이즘 내에서 특권으로 불릴 수 있는 지위를 차지하고 있다. 그 결과 심지어 쉬아 신학과 신조는 엄격하게 신학적인 것보다도 더 신비적인 규정을 포함하고 있다.[18)

대개 수피즘의 본질적인 가르침과 동일시되는 쉬이즘은 이슬람의 일반적인 비교(秘敎)의 가르침과 복잡한 관계에 놓여 있다. 쉬이즘은 이슬람의 비교(秘敎)와 동일시되어서는 안 된다. 순니 세계에서 이슬람적인 비교(秘敎)는 대개 수피즘으로 나타난다. 이에 반해 쉬아 세계에서는 순니 세계에서 발견되는 것과 유사한 수피즘 외에도 종교의 전체적인 구조를 채색하는 사랑(마합바)에 토대를 둔 비교(秘敎)적인 요소가 나타난다. 그것은 마리파(완전한 깨달음인 영지(靈知)를 얻는 최종적인 단계), 즉 순수한 그노시스보다 힌두교의 박티[神愛]와 유사한 토대를 공유하고 있다.

잘못 알려진 수피즘, 그리고 애르펀

수피즘은 막연하게 신비주의로 알려져 있으나 이에 관해서는 제대로 살펴보아야 할 것이다. 이슬람교는 페르시아에서는 외래 종교인 셈인데, 지금까지 1,400년을 지속해 오고 있다. 이슬람교는 유대교-기독교와 같이 일신론을 가진 셈족의 종교인 데 비해 페르시아의 종교적인 전통은 아리안족의 범신론적인 체계가 깔려 있다.

수피즘은 문화, 사상과 예술 분야를 포함해 인문학의 영역에서 가장 중요한 개념으로 사용되고 있지만, 이에 대한 연구는 거의 이루어지지 않았다. 페르시아 애르펀과 이슬람 수피즘은 둘 다 한국에서 신비주의로 번역되어 쓰이고 있다. 이 둘은 한국에서뿐만 아니라 현지에서도 간혹 동일한 의미로 잘못 사용된다. 이슬람 수피즘은 페르시아 애르펀에서 생겨났으며, 애르펀의 기원은 조로아스터교, 불교, 신플라톤주의에서 찾을 수 있다. 수피즘은 신을 인식한다는 의미로서 영감과 직관으로 사물의 진리를 얻는다는 점에서 애르펀의 한 종파이지만 행위론에 토대를 둔다. 이슬람 수피즘이 이슬람의 비교(秘教)적인 측면으로 간주된다 할지라도 그 본질은 이슬람의 가르침과 대척점에 있으며, 이슬람 정통학자들과의 대립은 계속될 것이다. 애르펀에서 진정한 어레프(Mystic, 애르펀을 추종하는 구도자)들은 어떠한 종교에도 귀속되어 있지 않으며, 그들은 신성을 모독하고 일신론에 대항한다는 비난을 두려워하지도 않는다.

애르펀은 이슬람의 도래 이후 수피즘의 형태로 나타났다. 초월성을 특징으로 하는 이슬람교와는 달리 애르펀에서는 인간이 자기 인식에 도달하여 신을 자신 속에 증명하게 한다고 어레프들은 말한다. 그들은 자신을 잊고 자기 존재의 깊은 내면에서 신을 찾으려 한다. 어레프들은 자신과 신과의 사이에 차별을 두지 않는다. 이슬람 수피즘이 애르펀에서 비롯되었을지라도 양자는 종교적인 의식에 있어 방법론적인 차이가 있다. 어레프들은 수피들과는 달리 신을 이해하기 위해 육체적인 고통을 필요로 하지 않는다. 또한 그들은 사회에서 도피하지도 않는다. 특히 몽고 침입과 더불어 그들은 이러한 사상을 스스로 인도, 터키와 이라크 지역으로 옮겨 갔으며 무슬림들에게 전파하였다.

수피즘, 애르펀, 나스터시즘(그노시즘)이 통틀어 신비주의로 알려져 있으나, 순서대로 그 의미가 보편화되고 광범위한 의미로 쓰이고 있다. 가장 중요한 그노시즘은 마니교로 알려져 있다. 애르펀의 두 가지 근본적인 바흐다테 보주드(Vahdat-e-Vojud, 존재의 통일성 혹은 유일성: 범신론)와 하르카테 조하리(Harkat-e-Johari, 진화)의 문제이다.

이슬람 수피즘의 두 축인 파나(Fana, 니르바나와 동등한 의미로서 해탈을 뜻함.)와 바가(Bagha, 신과의 합일 : 불멸성)는 정통 이슬람 학자들에 의해 받아들여지지 않는다. 즉 자아가 소멸될 때 '파나'라 하고, 그것이 지속될 때 '바가'라 하며, 개별적이지 않고 보편적인 영(spirit)이 '완전한 인간'이다. 인도의 여섯 철학파도 『우파니샤드』와 『바가바드 기타』의 권위를 받아들이고 있으며, 이 두 경전에서는 애르펀[19]에서와 같은 개념을 찾을 수 있다. 『베다』와 『아베스타』에 대한 연구와 비교는 이란의 고대 종교에 대한 인식과 이해에 있어 유용한 지침이 될 것이다. 베다(Veda) 성전의 끝(Anta)에 위치한다고 해서 베단타(Vedanta)라고도 불리는 『우파니샤드』는 이란에서 말하는 애르펀과 그 체계가 아주 유사하다. 또한 『리그베다』에서도 "네가 그이고, 그가 너이다."에서 드러나는 것과 같은 존재의 유일성 내지는 통일성의 개념이 많이 언급되어 있다.

돈황과 서역

신불교, 마니교와 실크로드 그리고 돈황

기독교에서 이단으로 몰린 네스토리우스파는 오늘날 페르시아(동방) 교회를 지칭하는데, 대체로 소아시아와 시리아에서 생겨난 종파로 알려져 있다. 그러나 이란의 일부 학자들은 페르시아의 남부 쿠제스탄에서 비롯되어 아제르바이잔을 통해 터키로 퍼져 나갔다고 주장하고 있다. 네스토리우스교는 실크로드로 전파되어 페르시아 문화의 중심지인 돈황과 투르판의 그림에서 그 상징성이 자주 목격된다. 네스토리우스교가 실크로드로 유입된 1년 후 마니교도 이곳으로 확산되었다. 페르시아의 예언자 마니가 창시한 마니교는 네스토리우스교에 영향을 끼쳤다.

마니교는 페르시아의 신앙인 조로아스터교와 불교적 요소 외에 기독교적 색채도 가미되어 있지만 부처와는 달리 예수를 선지자로 받아들이지 않았다. 마니교가 창시된 시기는 기독교가 발전하지 못한 상황이었다. 이원론과 자기 절제, 금욕의 극단적인 형태로 특징지을 수 있는 마니교는 천 년 이상 번성했다. 투르판에서는 마니교와 관련된 많은 유물이 발견되었다. 일부 마니교의 종교적인 시는 고고학자들에 의해 모래벌판에서 수집·기록되었으며, 일부는 중국 서역에서 오늘날까지 발견된다. 마니의 출현으로 불안을 느낀 조로아스터교의 사제들이 마니를 처형했다.

종교적 확장 과정에서 증명된 마니교도들의 유연성과 현지 적응 능력은 정치적, 경제적 영역에서도 십분 발휘되었다. 그들의 저서에서도 나타나듯이 – 중국어, 위구르어, 소그디아나(현재의 우즈베키스탄에 있었던 중앙아시아 고대국가)어 등의 판본들이 남아 있다 – 그들은 여러 나라 말을 할 줄 알았고 상업에서도 탁월한 수완을 선보인 노련한 장사꾼들이었다.[20]

돈황의 비밀이 풀리지 않았지만 이는 돈황이 한때 페르시아 문화의 중심지라는 사실이 제대로 알려지지 않은 것에 기인한다. "돈황에서 발견된 사본에 기재된 기년은 5세기에서

11세기 초에 걸쳐 있다. 그리고 쓰여진 문자로는 한자, 옛 티벳트 문자, 소그드 문자, 산스크리트, 옛 코탄 문자, 쿠차 문자, 위구르 문자 등이다."[21] 이 중에서 소그드어와 코탄어는 중세 페르시아어에 속한다. 발견된 사본 중에서 한자가 가장 많은 분량을 차지하고 있는 것에서 한자에 정통한 페르시아인들이 불경의 일부를 번역한 사실을 미루어 짐작할 수 있다. 또한 애쉬커니(안식국) 왕조의 왕자 출신이었던 안세고를 비롯해 페르시아 출신의 승려들이 여러 문자로 수백 권의 불경을 번역했다는 사실은 한자뿐만 아니라 여러 언어를 터득하고 있었던 페르시아인들의 능력을 뒷받침하고 있다.

회교와 이슬람교는 의미가 다르다?

중앙아시아의 페르시아권은 타지키스탄과 우즈베키스탄의 사마르칸드와 보카라, 투르크메니스탄의 마르브와 키르키즈스탄의 일부를 포함해 페르시아어를 사용하는 지역을 가리킨다. 사마르칸드, 보카라와 마르브는 고대국가에서부터 페르시아의 중심 문화권을 형성했던 도시이다. 1924년 10월 이전의 중앙아시아 타직권의 면적은 420,000km^2 이상으로 현 타지키스탄의 면적의 최소한 3배가 넘는다. 또한 페르시아 이슬람의 문화권 지역으로 파키스탄을 들 수 있는데, 파키스탄은 11세기 이후 19세기 중반까지 8백여 년간 페르시아어를 공용어로 사용했으며, 현재는 페르시아 문화권 지역으로 분류된다. 모골

(1526~1857, 무갈) 제국 시기에 아대륙의 지배 세력이었던 파키스탄의 무슬림 세력이 인도의 힌두 세력을 통치했었다. 아직까지 파키스탄의 4개주 중의 하나인 발루치스탄의 일부 지역에서는 발루치어와 더불어 페르시아어가 쓰이고 있다. 중국 서역 신장성에서도 타직 민족을 중심으로 페르시아어를 쓰는 무슬림들이 광범위하게 형성되어 있다. 서역은 페르시아와 중국 간의 교류에 있어 첨병 역할을 담당했던 지역이다. 중국 신장성의 타직 민족이 중국 56개 소수민족 중의 하나로 페르시아어를 사용한다는 사실은 돈황을 비롯한 서역의 일부 지역이 페르시아 문화의 중심 지역이었음을 확인해 주는 사료이다.

흔히 회교나 이슬람교가 동일한 의미로 사용되곤 하는데 이는 페르시아어가 중국에 끼친 영향 때문이다. '회'란 용어는 'hui'에 해당되고 '회회'의 'huihui'는 '페르시아어를 알고 있는 (자)'에 해당하는 용어이다. 당대 이후 명대에 들어와서 페르시아어는 최고의 절정기를 맞이했다. 회회가 공식적으로 쓰여진 것은 당시 중국에서 페르시아어를 알고 있는 사람들이 회교를 믿고 받아들였던 것을 의미한다. 중국인 학자들에 의해 중국에서 발간되는 페르시아어 서적이나 중국어 서적에서는 이러한 사실이 언급되어 있다. 다만 회(Hui)족이 중국의 소수민족에 해당하기 때문에 회교는 이슬람교를 비하해서 부른다는 설이 국내에 퍼져 있다. 물론 지금도 중국에서 페르시아어는 소수민족의 언어로서 사용되고 있다. 이런 어원으로 볼 때 회교는 비록 소수민족 사이에서 사용되는 말이기는 하지만 이슬람교를 뜻하는 말이므로 굳이 회교를 이슬람교로 바꿔 부를 필요가 없다고 본다.

올리브 나무 사이로

이란 영화 신드롬

시인들과 대통령이 만나는 나라, 지진으로 큰 피해를 입었을 때도 대시인의 묘소와 가옥은 피해를 보지 않았다고 방송으로 내보내는 나라, 가끔씩이지만 저녁 뉴스 시간대에 시 한 수 읊으면서 뉴스를 전해 주는 앵커가 있는 나라, 수만 명의 시인들과 그보다 더 많은 예술가가 활동하는 나라, 연회를 시작하기 전에 시 한수 낭독하는 것을 잊지 않는 나라, 절제하고 금욕적인 삶을 살다간 청빈한 시인에게 묘소 앞에서라도 존경심을 잃지 않는 나라, 남녀노소 없이 중세 대시인의 시를 암송하는 나라……이란이라는 나라를 표현하는 또 다른 모습이다.

이란에서는 성자급의 대우를 받는 중세 대시인들의 묘소가 공원화되어 있으며, 그곳에 들러 그 시인들의 시를 읊으며 추앙하는 모습을 보는 것이 일상화되어 있다.

현대인들은 하루 1분이라도 이성의 사유 행위를 멈추고 초기 직관을 터득하기 위해 몸부림치고 있다. 이성만으로 살아가는 우리에게 이성의 부작용이 극명하게 드러나면서 수많은 현대인들이 이성이 끊기는 지점에서 초기 직관의 영역을 터득하기 위해 초월적 명상으로 빠져들고 있다. 이란 영화가 각광받는 이유는 바로 이성을 멈추고 영적 직관에 몰입할 수 있는 계기를 만들어 주는 힘이 있기 때문이다.

현대 이란 영화는 페르시아 문학의 바탕에서 그 본질을 찾아야 한다. 그리고 이 페르시아 문학의 저변에는 페르시아 애르편이라는 영적 전통이 스며들어 있다. 3천년 동안 지속되어 온 페르시아 영성, 감성, 직관이 근대 이성의 폐해를 철저하게 겪은 서구인들에게 21세기에 한줄기 빛처럼 다시 비치는 것이다. 이란 문화의 자부심은 외부 문화를 흡수하면서도 스스로의 정체성을 잃지 않는다는 데 있다. 현대 이란 영화는 면면히 이어온 이러한 정체성의 편린들을 그대로 엮어가고 있다.

페르시아 애르편은 신에 대한 추종에서 해탈까지 7단계로 이루어져 있다. 직관으로 깨우침을 얻어 다음 단계로 상승하는 영적 은총을 맛보는 그들은 "최고의 영성은 직관된 것이다."라는 믿음 아래 깊은 영성을 추구한다. 2002년 한 해에만 국제영화제에서 100여 개 이상의 상을 휩쓴 이란 영화 속에는

21세기 감성의 시대, 직관의 시대 코드에 맞는 이러한 페르시아 애르펀이 녹아 있다.

국내에 가장 많이 알려진 압바스 키아로스타미 감독의 대표적인 영화 「올리브 나무 사이로」란 작품을 분석해 보면 왜 이란 영화가 세계 영화 속에서 주목을 받고 있는지를 구체적으로 알게 된다.

영화 「올리브 나무 사이로」

이란 영화는 이란 문화의 유산이라고, 이 영화를 제작한 압바스 키아로스타미는 강조한다. 인류 문명의 뿌리로 간주되는 페르시아 문명이 이란 본토에서뿐만 아니라 메소포타미아와 서남아시아에서도 찬란하게 꽃을 피웠다는 사실은 페르시아의 내적인 유산이 고대로부터 지속적으로 축척되어 왔음을 이야기한다. 영화감독이자 문화부 장관을 지냈던 이창동은 이란 특파원과의 대담에서 이란 영화는 세계적 수준이며 상업성을 목적으로 하지 않으면서 진실성이 담겨 있다고 평가했다. 또한 영화에서 보이는 평화로움은 지하드[聖戰]로 대변되는 이슬람의 호전적인 이미지와 거리가 있어 보인다는 인상을 덧붙였다.

「올리브 나무 사이로」는 세계적으로 잘 알려진 이란의 영화 감독 압바스 키아로스타미의 작품이다. 키아로스타미가 「클로즈업」과 「올리브나무 사이로」라는 작품을 통해 1990년대

초 서구에 등장했을 당시 그는 이란에서 20년 동안 영화를 제작해 왔던 중견 감독이었다. 키아로스타미는 1940년 이란의 테헤란에서 태어났으며, 어린 시절부터 예술에 관심을 갖고 있었다.

1969년 이란에서는 다리우쉬 메흐르쥐의 작품 「암소」로 새로운 영화의 흐름이 태동하였다. 그 해에 그는 아동·청소년 지적발달 연구소에서 영화 제작 분과를 설립하는 데 일조했다. 그의 영화는 1980년대 후반에야 비로소 국외에 알려지기 시작했다. 그는 1992년 「그리고 삶은 계속된다」라는 작품으로 뉴욕영화제에 등장했다. 「올리브 나무 사이로(1994)」는 「그리고 삶은 계속된다(1992)」 「내 친구의 집은 어디인가(1997)」와 함께 지진을 배경으로 하는 3부작 중의 한 작품으로 서구에서 키아로스타미의 명성을 날리는 작품이 되었다. 이 세 작품은 이란의 북부 지역인 코케르(Koker) 마을을 배경으로 전개되고 있다.

이 작품의 제목은 내용 파악을 좀더 쉽게 하기 위해서라면 「올리브 나무 사이로」보다 「올리브 나무숲 아래에서」로 번역하는 것이 유리하다. 올리브 동산은 겟세마네 동산(올리브 동산으로도 불림.)을 연상하게도 만든다. 종교적 영성은 이란 문화에서 가장 짙게 배어 있는 이미지이기 때문이다. 이 작품은 지진이 발생한 후 이란 북부의 상황을 촬영하여 다큐멘터리 영화로 오해받을 수도 있으나, 시간이 흐르면서 픽션의 성격이 점차 강화된다. 지진은 한국의 여름 수해와도 같이 이란에서 되풀이 되는 재앙이다. 압바스 키아로스타미 감독은 상당수의 배우들을 현지인 가운데 비전문가들로 채우면서 영화를 구성하는 것으로 유명하다.

영화의 첫 장면은 현지인 여자 주인공을 뽑는 장면인데, 여러 부류의 이란 여성의 얼굴 표정을 보여준다. 무뚝뚝하게 보이는 이란 여성도 있지만, 대체로 이란 여성들의 입가에 번지는 미소와 눈가에서 파닥거리는 듯한 눈웃음은 매우 고혹적이다. 여주인공 터헤레는 시바 부인과의 약속을 어기면서 늦게 집으로 돌아왔다. 그녀는 친구의 집에서 옷을 빌려왔는데, 시바 부인은 빌려온 옷이 시골에서나 입는 옷이라며, 촬영에 어울리지 않는다고 터헤레를 설득한다. 하지만 터헤레는 아랑곳하지 않는다. 영화의 초반부에서부터 감독은 여성의 고집 센 개성을 뚜렷이 부각하고 있다.

감독이 처음 뽑은 남자 주인공은 여자를 대할 때 말을 더듬는 버릇이 있어 어쩔 수 없이 주인공은 호세인으로 교체된다. 수줍음으로 말을 더듬는 청년의 모습을 감독은 순수성의 상징이자 터트리지 않은 꽃망울로 표현하고 있다. 석회를 짊어지고 일층에서 이층으로 오르는 반복적인 장면은 여러 가지 상황을 암시한다. 우선 석회는 현대 문명의 상징으로 간주된다. 또한 주변부의 남자 주인공이 중심부로 뛰어오르려는 인간적인 욕망으로 볼 수도 있다. 프랑스 철학자 질 들뢰즈의 '반복과 차이'를 기억나게 하는 장면이기도 하다.

한편 남자 주인공이 호세인으로 교체되자 여자 주인공인

터헤레는 인사말에 응하지 않는 상황으로 역전되면서 감독은 두 사람의 관계를 추궁하게 된다. 호세인은 11살 때부터 터헤레의 건너편 에이놀라 집에서 벽돌공으로 일하며 터헤레를 눈여겨 보았고, 자신의 배필로 점찍어 두었다. 그러던 중에 물을 길어 오는 터헤레의 어머니에게 청혼을 했는데, 그 날로 집주인은 호세인을 내쫓아 버린다. 그날 밤 에이놀라 씨의 가족과 터헤레 부모는 지진으로 인해 참사를 당하는데, 호세인은 내게 잘 대해 주었더라면 그런 참화는 겪지 않았을 것이라고 서슴없이 말한다. 호세인은 자신의 한숨이 그들을 몰살시켰을 거라며 거침없이 저주를 퍼붓는다. 한숨 섞인 화살의 기도가 하늘을 뚫었다는 표현과 같이 한숨과 관련된 표현은 페르시아 문학에서 많이 등장한다. 이에 반해 숨과 호흡은 생명을 구하는 데 등장하고 있어, 시어의 대칭적 의미에 주목할 필요가 있다.

여기서 등장하는 석회 자루는 지진으로 인해 폐허가 된 지역 재건에 쓰이는 소중한 재료인 데 반해 남자 주인공은 벽돌공이 지니고 있는 직업에 대한 귀천 의식 때문에 석회에 대한 혐오감을 영화 전반에 걸쳐 표현하고 있다. 피지배계급을 벗어나 지배계급으로 올라서기 위해 안간힘을 쓰는 호세인은 자신의 직업마저 던져 버리고자 한다. 망자들을 기념하는 쉬아파 이슬람 국가의 3일(삼우제), 7일, 40일제를 빌미삼아 터헤레 부모의 묘지를 찾아가지만 냉랭한 그녀의 태도는 조금도 바뀌지 않는다. 생전의 터헤레의 어머니도 호세인에 대해 시큰둥한 반응이었으며 할머니 역시 제대로 된 직업과 집도 없고 학력도 변변찮은 호세인이 마음에 들 리가 없었다. 감독은 왜 호세인의 마음이 상했는지를 재차 물어보는데, 그는 사회를 향한 자신만의 독특한 평등의식을 거침없이 쏟아낸다. 무산자와 유산자, 유식자와 무식자가 결합하는 세상이야말로 공평한 사회라고 제법 그럴싸한 논리를 펼쳐 보인다. 그래야만 자신도 자식의 숙제라도 제대로 봐줄 수 있는 아내를 얻지 않겠느냐고 항변한다.

촬영이 멈춘 틈을 이용해 감독은 요리사에게 말을 걸기도 하고 스탭 중의 한 사람과 대화를 나누기도 한다. 지진으로 인해 세상을 떠난 아내를 그리워하는 요리사는 50년 동안 같이 살았던 아내를 두고 다른 여인과 재혼할 수 없다고 이야기한다. 지진으로 인해 남편을 잃은 여인과의 결합마저 단호하게 거절함으로써 이슬람이라고 하면 일부다처제를 떠올리는 한국인의 부정적인 인식에 쐐기를 박고 있다.

다른 스탭과의 대화에서 감독은 지진으로 인해 죽은 사람들에게 인사를 건네라고 말하면서 영혼의 존재론적 근거에 대해 동조하고 있다. 페르시아 문학에서 영혼은 자아, 마음 등으로 불리는 감성의 중심체이면서 성(性)과 심(心)에 해당한다. 이는 아리안족의 근본적인 신앙인 페르시아 애르편에 기인하고 있는 사유이다. 키아로스타미 영화의 신비적 속성과 명상 역시 마찬가지다. 먼 거리에 위치한 공중 목욕탕에서 돌아오는 촌부는 '파리'와 함께 살아가는 그네들의 삶을 털어놓는다. 가장 사악한 악마 중의 하나인 나우시는 후기 조로아스터교의 전승에서 모든 악의 근원으로 알려진 북쪽 지역에서 온 파리로 묘사되고 있는데 지진 후 파리와도 함께 산다는 촌부의 말에서 페르시아 신화가 구전으로 전승되고 있음을 알 수 있다.

한편 감독과 시바 부인의 차가 스쳐 지나가면서 차창 너머로 남녀 주인공들은 서로 간에 처음이자 마지막으로 따스한 눈빛을 교환하는데 터헤레의 속마음을 읽을 수 있는 장면이다. 촬영의 종반부에 새색시 터헤레는 몇 번에 걸친 감독의 요구를 무시하고 끝내 남편에게 '씨(Mr.)'자를 붙여 부르기를 거부한다. 이는 이혼, 상속 등의 분야에서 법적, 제도적인 차별에도 불구하고 이란 여성들이 가정 내에서 얼마나 당당하게 살아가고 있는지를 극명하게 보여주는 예이다. 감독은 이 악습의 잔재를 송두리째 부수기 위해 촬영의 마지막 장면까지 올리브 숲 아래에서 그들을 뒤쫓으면서 행동을 주시한다. 여자 주인공인 터헤레의 자유의지와 운명론 사이에서 감독은 터헤레의 자기 결정을 기다려 보는 것이다.

올리브(자이툰)가 중동 지역에서 평화의 상징으로 쓰이는 것과 같이, 호세인이 터헤레와 그녀의 할머니를 뒤쫓던 올리브 숲은 언쟁을 끝낸 평화로움을 상징하고 있다. 마지막 장면에서 호세인은 지그재그의 둔덕을 활기찬 모습으로 내려오는 듯 보인다. 지그재그형을 비롯해 미로형, 장방형, 만자형 등은 이슬람의 근본적인 장식예술 양식이다. 감독은 작품의 결론을 내지 않으면서 영화를 마무리하고 있다. 이 영화에서 보이는 터헤레의 성격은 마치 문학에서 시어의 다의성과 애매성이 끊임없이 개념의 외연을 확대시키듯이, 얼키설키 복잡한 양상을 띠고 있다. 즉 사회적인 관습 안에 매여 있는 여성이 그 규범을 벗어나 자기 결정으로 나아가는 상황을 현실과 픽션의 대화를 넘나들면서 이미지화시키고 있다. 키아로스타미는 난마처럼 얽혀 있는 사회에서 진리를 찾기 위한 방법이 어느 하나의 잣대나 각도로 이해될 수 없다는 것을 안과 밖, 수동성과 능동성, 무기력과 개방성의 중층적인 구조로 제시하고 있다.

시의 나라, 이란

중동(서)아시아는 단봉 낙타권인 아랍 이슬람권과 쌍봉 낙타권인 페르시아 이슬람권으로 대별된다. 중동아시아에서 페르시아 이슬람권의 국가와 지역은 종교, 문화와 예술 등의 분야에서 아랍 이슬람권과 대별되고 있다. 코란이란 공감대가 형성돼 있는 아랍권과 달리 뚜렷한 공감대 없이 페르시아의 고유문화를 보존하면서 지금껏 페르시아권이 유지될 수 있었던 주된 이유로는 칼보다는 붓을 중시해 온 페르시아의 문화적인 전통을 들 수 있다. 페르시아 문학은 중세 세계문학의 절반을 차지했다고 할 정도로 세계문학에 끼친 영향이 지대하다. 인도와 터키 문학에 커다란 영향을 끼쳤으며, 아랍문학을 태동시킨 뿌리이다. 동양에서 페르시아 문학은 서역을 통해 중국과 인도 문학을 연결시키는 동시에 중국 문학을 포함한 문화에도 지대한 공헌을 했다. 또한 페르시아 문학은 그리스를 통해 동양과 서양 문학을 연결시키기도 했다.

페르시아 문학에서 가장 중요한 장르는 시학이다. 소설은 유럽 문학의 영향을 받아 근대에 출현했지만, 그들의 시는 놀라울 정도로 풍부하고 다양하다. 더욱이 이란의 유명 시인들은 성인의 대우를 받으며 추앙을 받았다. 페르시아 중세 문학은 10~15세기에 걸쳐 절정에 이르렀으며, 전쟁의 시기와 내부적인 혼란기에도 시를 비롯한 철학, 수학, 천문학, 의학 등의 분야에서 탁월한 서적이 만들어졌다. 중세 대시인들은 페르도우시, 몰라비(루미), 허페즈(하피스), 오마르 카이얌을 비롯해 수십 명에 이르지만 이란에서 가장 유명한 중세의 대시인은 허페즈일 것이다. 그러나 세계에서 가장 널리 알려진 이란 시인은 오마르 카이얌으로 그의 시는 영어를 비롯해 수많은 언어로 번역되어 있다. 그는 존경받는 수학자와 천문학자이기도 해 페르시아의 왕들이나 무슬림 지배자들의 요구에 따라 달력을 개량하기도 했다. 그러면 이란에서 가장 인기 있는 시인, 허페즈의 시가 국외에서는 왜 오마르 카이얌보다도 명성을 얻지 못했을까? 허페즈의 시는 그 언어권을 넘어서면 이해가 불가능한 언어적 유희를 비롯해서 하나의 단어로 다의적인 의미와 이미지를 생성하기 때문에 주해서가 꼭 필요하다. 이러한 허페즈의 시는 기적이라고 불러도 무방할 정도로 시인의 예리한 상상력이 돋보이는 작품들이 많다. 허페즈의 시는 괴테뿐만 아니라 17세기 스페인의 칼데론을 비롯해 영국의 바이런과 프랑스의 앙드레 지드 등에게도 커다란 영향을 끼쳤다.

예술이 살아 숨 쉬는 고토(古土)

이란 예술은 표현이 묘사적이지 않으면서 일정한 양식을 띠고 있다. 이란 예술과 건축은 항상 장식적이며 그림보다는 상징을 사용해서 독자적인 스타일을 개발했다. 정원 풍경의 예술은 페르시아에서 그 기원을 찾을 수 있다. 순니 국가와는 달리 쉬아파 국가인 이란에서는 카펫이나 그림에 자유롭게 생명체를 포함한 인간의 형상을 묘사하고 있으며, 꽃과 식물, 동물처럼 상상력을 활용한 예술품들을 재창조하고 있다. 아랍 이슬람권의 순니파에서 생명체와 사람에 대한 표현이나 묘사에 눈살을 찌푸리고 금지하는 것과 대조된다. 생선의 뼈를 갈아서 물감에 혼합했는데, 이는 변색을 방지하기 위해서이다. 이란 회화 전통의 3가지 주요 특징으로는 추상성과 화려함, 이상주의적 관점을 꼽을 수 있다.

이란에서 도자기 기술은 기원전 6000년경부터 존재했다. 고대 도자기의 뚜렷한 실례는 이란 동부의 코라손 지역에서 발견되고 있다. 주로 무색의 평평한 사발에 밝은 색채로 디자인을 하여 유약을 발랐다. 고고학자들은 동물과 인간의 머리를 만든 수많은 돌조각의 공예품을 발굴하고 있고, 청동이나 다른 귀중한 금속공예에도 작은 동물의 모습이 보인다.

이란 회화에서 중요한 세밀화는 시적인 작품을 설명하고 있다. 유럽에서 널리 통용된 원근법, 음영, 부조(양각 세공)는 오랫동안 알려져 있지 않았으며, 자기에서 다색 화법은 금지되었다. 모아락(Moarragh)은 유색의 작은 조각으로 표면에 장식하는 작업이다. 나무 상감도 모아락으로 알려져 있고, 오래된 기술로 알려진 상감세공 타일에 의해 영향을 받았다. 이 디자인은 72종의 나무나 낙타뼈, 진주모, 상아로 만들어진다. 금속으로는 구리, 놋쇠, 알루미늄, 은, 금 등이 사용된다.

장식 직물(갈람커르)은 900년의 전통을 가지고 있으며, 면이나 비단 직물에 유형을 그리고, 이후 색깔에 안정감을 주기 위해 특수한 방법으로 직물을 씻어 낸다. 금속공예는 이보다 앞선 3000년의 전통을 가지고 있으며 주로 페르시아 신화나 역사와 관련이 깊은 경축 연회나 사냥하는 장면, 전쟁터 등의 내용을 담고 있다.

커탐은 삼각형(트라이앵글)의 아름다운 조화를 의미한다. 색깔 있는 나무나 금속, 뼈, 상아, 진주모 등이 커탐을 만드는 데 사용된다. 커탐에 의해 만들어지는 많은 생산품은 그림틀, 상자, 곽, 테이블, 의자 등이다.

그림이 그려진 유리 제품은 바래지 않는 색을 사용하여, 새와 꽃 혹은 아름다운 아라베스크 유형으로 자연에 영향을 받아 용기를 만든다. 깔개(갤림)는 매듭으로 이루어지는 작업이기 때문에 방염 처리가 되지 않아 17세기 이전의 것은 없다. 디자인의 주제는 동물이나 새, 식물의 변형이 주를 이루고, 때때로 전설상의 동물이나 생명체도 등장한다. 깔개의 재료는 양털이 사용되는데 요사이에는 면이 사용되기도 한다.

이란 서예

이란의 서예는 오랜 역사를 가지고 있다. 시알크와 마르릭 (Marlik)의 고고학적 조사에서 이란의 초기 글씨가 쓰여진 그 릇과 도장이 발견되었는데, 이 글씨들은 기원전 3천 년 초부 터 4천 년 말에 쓰여진 것으로 알려져 있다. 일부 고고학자들 은 마르릭 비문을 기원전 5천 년경의 유물로 보기도 한다. 이 란인의 귀중한 유물들은 러시아 상트페테르부르크의 에르미 타주(Hermitage) 미술관에 보관되어 있다. 이란에 이슬람이 정 착된 이후에 이란의 예술가들은 다양한 방법으로 이슬람 사원 을 비롯하여 성스러운 건축물이나 금속 그릇 등을 아름다운 서예로 장식했다. 세계의 예술가들은 이러한 귀중한 이란의 서예품들을 외부에 알리기보다는 박물관이나 개인 수집물로 소장하려 했다.

무슬림들이 예술 분야 가운데 가장 중시하는 서예에 있어 서도 페르시아와 아랍 이슬람권의 차이점은 확연하게 드러나 고 있다. 4가지 주요 서체는 다음과 같다.

① 마쉭체: 마쉭은 초기 메카와 메디나에서 7세기(이슬람 력 1세기)에 개발되었다. 쿠파가 쿠피 서예체를 개발하는 동 안에 초기 마쉭을 지배해 온 복잡한 규칙은 마쉭이 쿠피체 와 유사하게 될 때까지 서서히 단순화되었다. 표준 서체보 다 자폭이 넓었다.

② 쿠피체: 쿠파에서 발전했으며, 쿠피체는 대부분의 초기 서체를 대체하고 8세기(이슬람력 2세기) 경에 절정에 도달했을 뿐만 아니라, 이슬람 서예에 가장 심오한 영향을 끼쳤다. 낮은 수직선에 비해서 수평선은 넓었다. 초기 딱딱한 쿠피체가 거친 문화적, 사회적 환경을 반영했다면 시대가 화려하고 웅장해질수록 쿠피체는 순수한 장식 형태로 발전되며 시대상을 반영하였다.

③ 동부 쿠피체: 10세기 후반 페르시아인에 의해 처음으로 개발된 동부 쿠피체는 표준 쿠피체와는 현저하게 다른 특징을 갖고 있다. 가장 현저한 특징은 위쪽으로 그은 긴 획이 아주 수직적인 반면 짧은 한 획은 기울거나 왼쪽으로 구부러지는 경향이 있다.

④ 나스크체: 최초의 흘림체 중의 하나로서 읽고 쓰기가 비교적 쉬웠다. 우아한 형태로 바뀌면서 코란이 나스크체로 쓰이기 시작했다.

이슬람 서예의 고전적인 전통에 따르면 흘림체는 6가지와 4가지로 분류하는 방법이 있는데 여기서는 4가지의 흘림체를 소개한다.

① 구바르(Ghubar): 아주 둥근 글자, 한 줄의 직선도 없는 것이 초기의 특징이고 그 후에도 기하학적인 특징을 가진 섬세하고 둥근 글자로 발전되었다. 이 서체는 현재까지 인기를 얻고 있다.

② 투마르(Tumar): 초기 아랍 서체 중의 하나로서 크고 빽빽한 글자체를 유지하면서 10세기 즈음에는 정적이고 각 있는 특징을 잃어버렸다.

③ 탈릭(Taliq, 경사체): 아랍 원전에 따르면 탈릭체는 초기에 페르시아인들에 의해 개발되었다. 페르시아 사파비조 이스마일과 타흐마숍왕의 재위(1524~1576) 시 가장 중요한 서예체의 발전이 일어나는데, 이 서체가 탈릭체이다. 그들의 장려로 탈릭체는 규격화되며 이란에서 국체로 광범위하게 사용되었다. 이후 나스탈릭으로 발전되었다. 탈릭은 아랍에서 큰 호응을 얻지 못했지만 페르시아, 파키스탄, 인도와 터키 무슬림들의 서예체로 쓰였다. 페르시아 서예가들은 훨씬 가볍고 우아하면서 다양한 서체를 개발했는데 이것이 나스탈릭체이다.

④ 나스탈릭(Nastaliq): 나스크(Naskh)와 탈릭의 합성어로서 페르시아인이 15세기 후반에 개발한 탈릭의 변화된 형태로 간주된다. 이후 국가적인 서체로 자리를 잡았다. 페르시아 서예가인 미르 에마드가 이 서체의 창안자이다. 이란 서예는 10세기에 아름다움을 선보이기 시작했으며, 서예 역사상 가장 큰 발전은 15세기 초 나스탈릭체의 출현으로 본다. 나스탈릭체는 이란 서예 중에서 아름다움과 조화로움을 가장 잘 표현한 서체이다.

페르시아 사파비조의 타흐마숍왕의 통치 기간에 나스탈릭은 나스크체를 대체했고, 페르시아의 인류학과 서사시, 기타 여러 문학 작품을 기술하는 데 자연스러운 서체로 자리를 잡았다. 탈릭과 나스탈릭은 코란을 적는 데는 거의 사용되지 않았고, 단지 나스탈릭으로 된 현존하는 완역본 한 권이 존재할 뿐이다. 이 탁월한 완역본은 타흐마습왕 재위 시에 완성되었는데, 나스탈릭체 최고의 명료함과 힘, 아름다움을 보이고 있다. 페르시아 사파비조의 압바스 대왕의 통치기에 페르시아 문화는 새로운 절정에 도달했는데 나스탈릭체를 위한 황금기이기도 했다.

대체로 파키스탄과 아프가니스탄, 인도 무슬림의 서예가들은 페르시아 서예가들의 직접적인 영향을 받았고, 파키스탄에서는 나스탈릭을 국가적인 서체로 채택했으며, 상당할 정도로 우루두(Urdu)어에 넓게 적용하였다.

이란의 현대 문화

음운현상 '에저페'를 통해 본 공동체 문화

기원전 14세기에 시작된 인도·이란어는 다른 인도·유럽어족의 언어보다 문학과 역사적인 사료 면에서 앞서 있다. 페르시아어는 인도·유럽어족의 이란어파에 속한다. 이란어파에 속하는 언어로는 페르시아어 이외에도 쿠르드어, 파쉬토어, 발루치어 등이 있다. 쿠르드족은 이란, 이라크, 터어키, 시리아 등으로 분단된 민족으로 독립국의 꿈을 실현하기 위해 온 힘을 기울이고 있다. 파쉬토어는 극단적인 이슬람을 주창한 탈레반의 언어로 아프가니스탄의 파쉬툰(혹은 푸쉬툰, 파키스탄에서는 파탄족이라 함.)족의 언어이다. 아프가니스탄 남부의 파쉬툰족은 파키스탄의 4개주 중의 하나인 서북 변방(사르하드)주와 동일한 종족으로 같은 언어를 사용하며 양국으로 분단되어 있다. 발루치족 역시 이란과 파키스탄으로 분단된 민족으로 발루치어를 쓰는데 그들은 독립을 꿈꾸고 있어 미래의 화약고가 될 가능성이 적지 않다.

인도·유럽어족의 기본적인 어순은 '주어+동사+목적어'의 구조와 '주어+목적어+동사'의 구조로 되어 있는데, 페르시아어는 후자의 어순으로 쓰이고 있다. 페르시아어 에저페는 소유격으로 단어 간의 결합에 쓰일 뿐만 아니라, 음운현상으로도 연구해 볼 필요가 있다. 앞에 오는 단어의 철자에 따라 에저페의 형태가 변화하기 때문이다. 글을 읽을 때에 에저페를 붙여 읽을 수 있느냐에 따라 문맥 파악의 정도를 가늠할 수 있다. 문맥에 따라 기표와 기의를 이해해야 하는 동양어의 전형을 보여주는 예이다. 즉 주체보다는 공동체 문화를 앞세우는 그들의 사고방식의 일면을 엿볼 수 있다.

페르시아어 문법은 문학의 여러 갈래 중의 한 분야로 취급된다. 영어와 불어를 비롯한 서양어에서 문법론이 언어학에 속해 있는 것과 커다란 대조를 이룬다. 문법이 문학의 범주에 있다는 것과 언어학의 테두리 안에 있다는 것은 어떠한 차이가 있는가? 전자는 문장의 아름다움에, 후자는 문장의 정확성에 치중하고 있는 듯 보인다. 문법이 문학에 속해 있어 문장의 아름다움을 추구하는 것이 그 주된 목적이라면 삶의 장식적인 측면, 즉 체면치레가 중요하게 다루어진다는 점에서 부정적인 면을 발견할 수도 있다. 이란에서 "타아로프 나코니드(체면 차리지 마라)."와 같은 관용적인 표현은 체면을 중시하는 문화에서 비롯된 것으로 보이고, 언어에 대한 정확성의 부족은 시간 관념의 결여로 나타난다.

페르시아어는 인도·유럽어 중에서 동양어에 해당한다. 주어는 사용하지 않는 것이 일반적이며, 동사형 어미만으로 주어를 알 수 있다. 이러한 이유로 수동태가 발전했다. 수동태의 사용은 공동체 문화의 형성에 도움을 주었다. 주어가 생략된 채 '목적어-서술어' 구조로 배열된다는 사실은 대상(목적어)을 중시한다는 의미로 받아들일 수 있다. 이처럼 과거에는 수동형의 사용이 주를 이루었지만, 서구의 영향이 가속화되기 시작한 20세기 이후 최근에는 주어를 반드시 언급하고 있다. 또한 동사의 형태에서도 알 수 있듯이 시제가 명확하지 않은 경향이 있다. 동사의 현재·미래형 시제가 대표적이다. 과거, 현재, 미래를 하나로 묶는 것이 우리의 사고방식과 비슷해 보인다. 막 떠나려고 하면서 "라프탐(나는 갔다.)"이란 말을 하는 것도 한 예이다.

애르펀과 포스트모더니즘

포스트모더니즘은 서구에서 20세기 중반 이후에 시작되었지만 그 사조의 관점과 내용은 동양에서 20세기 초반에, 그리고 그 이전에도 존재했다고 볼 수 있다. 애르펀의 핵심적인 요소는 사랑에 있으며 사랑은 이성과 대척점에 있다. 사랑 혹은 직관은 이성을 보강해야 할 요소로 보지만, 직관은 이성의 차원 높은 형태로 파악하고 있다. 사유 행위인 이성은 직관과 융합되어 깊이 있는 운동량을 갖게 된다고 보는 것이다.

이슬람의 도래 이후 페르시아 철학과 사상의 변화 속에서도 이란인들은 고대 이후 계속돼 온 페르시아 애르펀을 따르고 있다. 애르펀은 이란인들의 철학이다. 이슬람 시대에 이란의 수피즘은 셈족의 지배에 대항하는 차원에서 전개되었으며, 몽고의 침입 이후 그 뿌리가 한층 더 견고해졌는데, 그 안에는 아리안인의 정신이 녹아 있다. 그런 차원에서 본다면 페르시아 수피즘과 이슬람 수피즘은 전혀 다르다. 20세기 이슬람 최고의 시인 중의 한 사람으로 손꼽히는 모함마드 이크발은 자신을 잊으면서 세상의 물질에 초연할 것을 가르치는 애르펀과 이슬람 수피즘의 핵심 문제인 '존재의 유일성'에 대해 다음과 같이 읊조리고 있다.

나는 누구를 찾으려 하느냐? 왜 갈등 속에
베일 아래서 너는 그를 찾았다.
너는 그를 찾으려 하느냐, 자신을 제외하고 보지 못 한다.
너는 자신을 찾으려 하느냐. 그를 제외하고 찾지 못 한다.

서구에서 1960년대 이후 불기 시작한 몸에 관한 담론이 국내에선 포스트모더니즘의 논의와 연계해서 그 열기가 뜨겁게 달아오르고 있다. 그러나 몸에 관한 담론의 장이 진지하게 형성되기도 전에 자본주의의 상업주의적 속성과 맞물리고 있는 것도 사실이다. 사실 20세기 중반 이후 이성 위주의 모더니즘 시대가 가고 감성 위주의 포스트모더니즘 시대가 도래했다는 의미는 유구한 역사에 의해 지속돼 온 페르시아 감성론을 비롯한 제3세계 학문을 도외시한 처사라고도 볼 수 있다. 서양의 정신세계를 개척한 플라톤도 페르시아를 비롯한 인접 문학의 영향을 받아 그의 정신세계는 페르시아 애르펀과 깊은 연관을 맺고 있다. 물론 직관을 근간으로 하는 페르시아 감성론은 이성을 토대로 한 서양의 정신세계와는 근본이 다르다.

페르시아와 인접한 민족들의 문학은 지금의 상황으로 본다면 이슬람 문학의 영향을 강하게 받아, 플라톤 이후 계속된 정신과 이성 세계를 부차적인 것으로 간주하려는 기묘한 풍조가 형성되고 있다. 이것 또한 마음이나 영혼의 부재를 증명하려는 듯한, 서구 학계에서 불어오는 방법론을 여과 없이 받아들이고 있음을 보여준다. 정신이나 마음이란 개념이 서양 학문의 토대인 그리스에 근원을 두고 있다고 판단하는 학문적 기류도 논란의 여지가 있지만, 정신과 이성에 대한 염증으로 인해 서양의 정신철학을 거세게 비판하고, 이를 동양사상으로 보완 또는 대체하려는 것도 논란을 불러올 수 있는 좁은 시각이다.

길[道, Rah]과 호메이니 그리고 이슬람 사회

　호메이니는 누구이며 그의 이름 뒤에는 왜 길(Rah)이란 말이 따라 붙는가? 이슬람 사회에서는 울라마(신학자)들이 종교 권력을 장악하고 있으며, 자신들만의 분리되고 구별된 계급 조직을 형성하여 정책 결정에 영향력을 행사하고 있다. 울라마들은 그들의 생애를 통해 코란과 타프시르(코란주해서), 하디쓰(모함마드의 언행록), 이슬람 법학을 연구한다. 그들은 타프시르와 하디스를 해석하고, 쟁점이 되는 부분에 대해 파트바(교령, 칙령)를 선언하는 권력을 가짐으로써 종교 권력의 영향력을 행사하고 있다. 무슬림 지배자들은 종교 문제를 다루기 위해 행정부 내에 거지(Qazi), 모프티(Mofti)를 임명한다. 울라마는 상위 계급과 하위 계급의 두 종류로 나누어지는데, 상위 계급의 울라마가 '거지'와 '모프티'의 역할을 담당한다. 상위 계급의 울라마는 공동체와 국가의 사회, 정치, 경제적 문제들에 관여하고 하위 계급의 울라마는 출산, 결혼과 장례 절차 등을 집행한다. 이 두 계급은 예배를 집전하고 있으나 전자는 엘리트 계층, 상류층을 주 대상으로 하고 후자는 하층민의 종교적인 문제를 상의해 준다. 서로 다른 역할을 담당함으로써 두 계급은 무슬림 공동체에서 존재 가치와 중요성을 유지하려고 애쓴다. 쉬아파의 종주국으로서 이란은 순니와는 다른 울라마의 계급제도를 갖고 있으며, 울라마의 위계질서는 '모즈타히드''아야톨라''이맘'과 '파기'의 순으로 정해져 있다. 모즈타히드는 쉬아파 최고의 성직자로서 박학다식한 동시대 최고의 인물을 선정하고 모즈타히드 간에 일치점이 없을 때에는 특별 모즈타히드의 견해를 따라야 한다. 각각의 계급은 자신들만의 특수한 임무와 교리를 해석하는 권력을 가지고 있다.

무슬림 사회에서는 정치권력의 힘이 약화될 때, 종교 권력의 영향력이 확대되는 경향이 있다. 이란에서 팔레비 이전의 왕조인 가자르(1779~1924)조는 허약한 왕조였다. 이러한 상황에서 국가적인 통제력을 확보하기 위해서는 울라마들에게 기회를 제공할 수밖에 없었다. 특히 1890년 가자르조의 나세르딘 국왕이 영국의 일개 회사에 연초 독점권을 승인하자 울라마의 최고직에 해당하는 모즈타히드가 파트와를 선언하였다. 이로 인해 이란 전역에 담배 불매 운동이 전개되었으며 국왕은 이 합의를 무효화하는 사태에 직면하기도 했다. 1979년 이란 이슬람 혁명 이후 울라마가 재차 정치권력을 장악했다. 호메이니는 '벨러야테 파기'를 정점으로 하는 울라마의 위계 질서를 재조직했다. 이란의 지도력은 '벨러야테 파기'라 불리는 영적인 지도자의 손안에 있으며, 그는 쉬아파의 교리에서 이맘의 대리인으로 간주되고 있다. 정치와 종교가 분리되지 않은 채로 울라마들이 국가를 통치하면서 정책을 입안하는 데 관여하는 것이다. 이맘 호메이니의 이름 뒤에 붙은 길(Rah)이라는 용어는 예언자(이맘)의 국가에서 길을 안내한다는 의미로 해석된다. 이는 페르시아 '도'를 의미하는 3000년 애르편의 역사와 통하며 그 연장선상에 쉬이즘이 있다.

근본주의는 무엇인가?

미국의 9.11 참사 이후 이슬람 근본(원리)주의에 대한 다양한 의견이 개진되고 있다. 이 가운데 이 용어가 이슬람권 국가에서 존재하고 있는지의 여부가 주된 관심을 끌었다. 이 용어를 역사적 맥락에서 고찰하거나, 이슬람 부흥주의의 관점에서 살펴보면 이슬람 근본주의란 용어는 현재 이슬람 국가에서 쓰이지 않고 있음을 확인할 수 있다. "근본주의는 20세기 초 미국 기독교 복음주의자들이 성서를 근거로 세속화를 막기 위해 사용된 용어"로 알려져 있다.

이슬람 근본주의는 18세기 중엽 사우디아라비아에서 모함마드 이븐 알 와합이라는 지도자에 의해 일어난 와하비 운동에서 시작되었다고 보는 관점도 있다. 와하비 운동은 무슬림들의 신앙생활에 대한 개혁운동으로 순수한 이슬람으로의 복귀를 주창했다. 이슬람에 대한 이해를 바르게 하기 위해 이 용어의 의미를 해결하는 것은 상당히 중요한 문제다. 이란의 입장에서 이슬람 근본주의는 1979년 호메이니의 등장으로 촉발된 것으로 보고 있으며, 인도네시아를 비롯한 동남아시아의 이슬람권 국가로 확대되었다. 모함마드 이크발의 시와 사상은 1979년 이란 이슬람 혁명의 도화선이 되었다고 알려져 있다.

이슬람 근본주의의 의미가 이슬람 급진주의와 혼용되어서는 안 된다. 무슬림들이 근본주의의 의미를 자신들의 입장에서 어떻게 파악하고 있는지를 알아보는 것은 의미 있는 일이다. 일부 이슬람 학자들은 근본주의를 몰라이즘(Mollaism)과 동일시하고 있다. 몰라는 이슬람 성직자를 뜻한다. 현재 이란에서는 몰라 계급인 성직자들이 정부를 운용하는데, 탈레반은 국가를 통치하는 데 극단적이고 근본주의적인 행태를 보였다.

언론에서 보도된 탈레반에 대한 의미는 제대로 사용되지 못했다. 탈레반은 사전적 의미로 '지식을 추구하는 자들'이나 '종교학을 전공하는 대학생'이라는 의미로 쓰인다. 이 두 가지의 의미에서 탈레반은 '지식을 추구하는 자들'이란 뜻으로 한정시켜야 한다. 탈레반은 1994년 정치·군사적으로는 파키스탄에 의해, 재정적으로는 미국과 사우디아라비아에 의해 지원을 받아 생겨난 세력이다. 탈레반의 인적 자원은 민병대인 이전의 무자헤딘(전사)이 주를 이루고, 파키스탄의 '마드라사'에서 훈련받은 아프간인이 합류하였다. '마드라사'는 한국에서 예전의 서당에 해당하는 초등학교이다. 서당에서 천자문을 읽으며 유교식 교육을 배우듯이 코란 등의 과목을 배우는 '마드라사'는 이슬람식 교육을 받는 곳이다. '지식을 추구하는 자들'이란 의미로 탈레반이란 단어를 스스로에게 붙인 것이지, 학생 조직과는 관련이 없다. '탈레반'을 마드라사 출신의 이슬람 신학생 조직으로 해석하는 견해는 서구 언론에 의해 조작되었을 가능성이 높다. 마드라사를 졸업하거나 종교학을 전공하는 일부 학생들이 이 조직에 가담한 사실은 물론 있을 것이다. 대부분의 탈레반 민병대는 파쉬툰족이다.

이전의 탈레반 정권에 대한 미국의 봉쇄와 제재는 계속되고 있지만 실효성에는 많은 이들이 의문을 표시하고 있다. 파쉬토네스탄(파쉬툰족의 나라)의 독립을 꿈꾸었던 탈레반은 미군의 개입으로 북부 동맹에게 권력을 이양함으로써 꿈을 접어야만 했다. 이라크인의 자유와 해방을 기치로 시작된 이라크 전쟁에서 미군은 60% 이상의 쉬아파의 존재를 과소평가함으로써 치명적인 난관에 봉착했다. 이라크의 쉬아파는 이란의 쉬아 권력과 친분을 유지하며 지원을 받고 있다. 스탈린은 타직인(이란 민족은 페르시아족과 타직족으로 구분됨)에 대한 정체성을 약화시키기 위해 타직인들을 타지키스탄을 비롯해 우즈베키스탄, 투르크메니스탄, 키르키즈스탄과 아프가니스탄 등으로 분리시켜 그들의 영향력을 감소시키려 했다. 그 결과 타지키스탄 면적의 3배 이상의 중앙아시아 지역에서 대략 2천5백만 명 이상의 타직인들이 흩어져 살아가고 있다. 그러나 구소련의 붕괴는 분리된 듯 보이는 그들 간에 민족의식과 형제애를 싹틔우고 있다. 19~20세기 제국주의의 분열 정책으로 극도로 민족적 정체성이 약화되었던 페르시아 이슬람권이 서서히 소생하고 있다.

페르시아 이슬람권과 쉬아 이슬람의 문화에 대한 체계적인 접근은 그들의 의식 속의 내면적 실체를 찾아냄으로써 우수 문화를 수용하는 동시에, 앞으로 일어날 상황을 예측하고 대비하는 데 꼭 필요하다.

주

1) 장징, 이용주 옮김, 『사랑의 중국 문명사』(이학사, 2004), p.146.

2) 앞의 책, p.151.

3) 앞의 책, pp.195-196.

4) 앞의 책, p.196.

5) 이태백, 장기근 옮김, 『이태백』(명문당, 2002), p.164.

6) 앞의 책, p.190.

7) 하심 라지, 『이란 고대 종교』(테헤란: 아시아 출판사, 1964), p.25.

8) 앞의 책, pp.25-26.

9) 인도, 파키스탄, 방글라데쉬 등의 지역을 포함하는 대륙. 인도아대륙으로 알려져 있으나 적절한 용어는 아니며 이후 아대륙으로 칭함.

10) 판즈(5)와 업(물)의 합성어로서, 페르시아어로 다섯 개의 강을 의미하며 편잡 지역에 인더스강을 비롯해 다섯 개의 강이 흐른다.

11) 비르기트 브란다우·하르트무트 쉬케르트, 장혜경 옮김, 『히타이트』(중앙M&B, 2002), p.12.

12) 호세인 파리바르, 『이란문학사』(테헤란: 아미르카비르 출판사), p.15.

13) 김중관, 『한 권으로 읽는 아랍』(평민사, 2001), p.20.

14) 關口眞大, 이영자 옮김, 『선종사상사』(문학생활사, 1987), p.9, 13.

15) 안네마리 피이퍼, 정영도 옮김, 『니체의 짜라투스트라에 대한 철학적 해석』(이문사, 1996), p.13.

16) 프리드리히 니체, 황문수 옮김, 『짜라투스트라는 이렇게 말했다』(문예, 1975), p.17.

17) 앞의 책, p.18.

18) Sayyid Muhammad Husayn Tabatabai, *Shia*(Qum: Ansariyan Publications, 1989), p. 3,14,15.

19) 애르펀에서 어레프들은 신에 대한 추종, 사랑에서 해탈까지 7단계를 넘어서야 하나님을 만날 수 있다고 믿고 있다.

20) 클라우스리히터 외, 박종대 옮김, 『실크로드 견문록』(다른우리, 2003), p.348.

21) 조명화, 『불교와 돈황의 강창문학』(이회, 2003), p.205.

참고문헌

토머스 R. 마틴, 이종인 옮김, 『고대 그리스의 역사』, 가람기획, 2003.

하워드 R. 터너, 정규영 옮김, 『이슬람의 과학과 문명』, 르네상스, 2004.

정수일, 『이슬람문명』, 창작과 비평사, 2003.

Ali Asghar Mirbagheri Fard, *Tarikh-e-Adabiyat-e-Iran(vol. I, The History of Persian Literature)*, Tehran: Semat, 2002.

Hashim Razi, *Din-e-Ghadim-e-Iran(The Ancient Religion in Iran)*, Tehran:Entesharat-e-Asia, 1964.

Hossein Farivar, *Tarikh-e-Adabiyat-e-Iran(The History of Persian Literature)*, Tehran: Entesharat-e-Amir Kabir, 1964.

Wang Bangwei, Ye Yiliang(ed.), *Collection of Papers on Iranian Studies in China*, Beijing: Peking University Press, 1993.

Yasin Hamid Safadi, *Islamic Calligraphy*, New York: Thames and Hudson Inc., 1987.

Ziaoddin Sajjadi, *The Foundations of Mysticism and Sufism*, Tehran: Semat, 2001.

페르시아 문화

펴낸날	초판 1쇄 2004년 12월 30일
	초판 5쇄 2017년 7월 14일

지은이	신규섭
펴낸이	심만수
펴낸곳	(주)살림출판사
출판등록	1989년 11월 1일 제9-210호

주소	경기도 파주시 광인사길 30
전화	031-955-1350 팩스 031-624-1356
홈페이지	http://www.sallimbooks.com
이메일	book@sallimbooks.com

ISBN	978-89-522-0317-5 04080
	978-89-522-0096-9 04080(세트)

함께 읽으면 좋은 책

철학 · 사상

026 미셸 푸코 `eBook`

양운덕(고려대 철학연구소 연구교수)

더 이상 우리에게 낯설지 않지만, 그렇다고 손쉽게 다가가기엔 부담스러운 푸코라는 철학자를 '권력'이라는 열쇠를 가지고 우리에게 열어 보여 주는 책. 권력은 어떻게 작용하는가에서 논의를 시작하여 관계망 속에서의 권력과 창조적 · 생산적 · 긍정적인 힘으로서의 권력을 이야기해 준다.

027 포스트모더니즘에 대한 성찰 `eBook`

신승환(가톨릭대 철학과 교수)

포스트모더니즘의 역사와 논의를 차분히 성찰하고, 더 나아가 서구의 근대를 수용하고 변용시킨 우리의 탈근대가 어떠한 맥락에서 이해되는지를 밝힌 책. 저자는 오늘날 포스트모더니즘으로 대변되는 탈근대적 문화와 철학운동은 보편주의와 중심주의, 전체주의와 이성 중심주의에 대한 거부이며, 지금은 이 유행성의 뿌리를 성찰해 볼 때라고 주장한다.

202 프로이트와 종교 `eBook`

권수영(연세대 기독상담센터 소장)

프로이트는 20세기를 대표할 만한 사상가이지만, 여전히 적지 않은 논란과 의심의 눈초리를 받고 있다. 게다가 신에 대한 믿음을 빼앗아버렸다며 종교인들은 프로이트를 용서하지 않을 기세이다. 기독교 신학자인 저자는 이 책을 통해 종교인들에게 프로이트가 여전히 유효하며, 그를 통하여 신앙이 더 건강해질 수 있다는 점을 보여 주려 한다.

427 시대의 지성 노암 촘스키 `eBook`

임기대(배재대 연구교수)

저자는 노암 촘스키를 평가함에 있어 언어학자와 진보 지식인 중 어느 한 쪽의 면모만을 따로 떼어 이야기하는 것은 불합리하다고 말한다. 이 책에서는 촘스키의 가장 핵심적인 언어이론과 그의 정치비평 중 주목할 만한 대목들이 함께 논의된다. 저자는 촘스키 이론과 사상의 본질에 다가가기 위한 이러한 시도가 나아가 서구 사상을 받아들이는 우리의 자세와도 연결된다고 믿고 있다.

024 이 땅에서 우리말로 철학하기

이기상(한국외대 철학과 교수)

우리말을 가지고 우리의 사유를 펼치고 있는 이기상 교수의 새로운 사유 제안서. 일상과 학문, 실천과 이론이 분리되어 있는 '궁핍의 시대'에 사는 우리에게 생활세계를 서양학문의 식민지화로부터 해방시키고, 서양이론의 중독으로부터 벗어나야 한다고 역설한다. 저자는 인간 중심에서 생명 중심으로의 변화와 관계론적인 세계관을 담고 있는 '사이 존재'를 제안한다.

025 중세는 정말 암흑기였나　`eBook`

이경재(백석대 기독교철학과 교수)

중세에 대한 친절한 입문서. 신과 인간에 대한 중세인의 의식을 다루고 있는 이 책은 어떻게 중세가 암흑시대라는 일반적인 인식을 가지게 되었는지에 대한 물음을 추적한다. 중세는 비합리적인 세계인가, 중세인의 신앙과 이성은 어떠한 관계를 갖고 있는가 등에 대한 논의를 하고 있다.

065 중국적 사유의 원형　`eBook`

박정근(한국외대 철학과 교수)

중국 사상의 두 뿌리인 『주역』과 『중용』을 철학적 관점에서 접근한다. '산다는 것은 무엇인가?'라는 근원적 질문으로부터 자생한 큰 흐름이 유가와 도가인데, 이 두 사유의 흐름을 거슬러 올라가다 보면 그 둘이 하나로 합쳐지는 원류를 만나게 된다. 저자는 『주역』과 『중용』에 담겨 있는 지혜야말로 중국인의 사유세계를 지배하는 원류라고 말한다.

076 피에르 부르디외와 한국사회　`eBook`

홍성민(동아대 정치외교학과 교수)

부르디외의 삶과 저작들을 통해 그의 사상을 쉽게 소개해 주고 이를 통해 한국사회의 변화를 호소하는 책. 저자는 부르디외가 인간의 행동이 엄격한 합리성과 계산을 근거로 행해지기보다는 일정한 기억과 습관, 그리고 사회적 전통에 영향을 받는다는 사실로부터 시작한다는 점을 강조한다.

096 철학으로 보는 문화 `eBook`

신응철(숭실대 인문과학연구소 연구교수)

문화와 문화철학 연구에 관심 있는 사람을 위한 길라잡이로 구상된 책. 비교적 최근에 분과학문으로 등장하기 시작한 문화철학의 논의에 반드시 들어가야 할 요소를 선택하여 제시하고, 그 핵심 내용을 제공한다. 칸트, 카시러, 반 퍼슨, 에드워드 홀, 에드워드 사이드, 새무얼 헌팅턴, 수전 손택 등의 철학자들의 문화론이 소개된다.

097 장 폴 사르트르 `eBook`

변광배(프랑스인문학연구모임 '시지프' 대표)

'타자'는 현대 사상에 있어 가장 중요한 개념 중 하나이다. 근대가 '자아'에 주목했다면 현대, 즉 탈근대는 '자아'의 소멸 혹은 자아의 허구성을 발견함으로써 오히려 '타자'에 관심을 갖게 되었다. 그리고 타자이론의 중심에는 사르트르가 있다. 사르트르의 시선과 타자론을 중점적으로 소개한 책.

135 주역과 운명 `eBook`

심의용(숭실대 강사)

주역에 대한 해설을 통해 사람들의 우환과 근심, 삶과 운명에 대한 우리의 자세를 말해 주는 책. 저자는 난해한 철학적 분석이나 독해의 문제로 우리를 데리고 가는 것이 아니라 공자, 백이, 안연, 자로, 한신 등 중국의 여러 사상가들의 사례를 통해 우리네 삶을 반추하는 방식을 취한다.

450 희망이 된 인문학 `eBook`

김호연(한양대 기초·융합교육원 교수)

삶 속에서 배우는 앎이야말로 인간의 운명을 바꿀 수 있는 기회를 준다. 그래서 삶이 곧 앎이고, 앎이 곧 삶이 되는 공부를 하는 것이 무엇보다 중요하다. 저자는 인문학이야말로 앎과 삶이 결합된 공부를 도울 수 있고, 모든 이들이 이 공부를 할 수 있어야 한다고 믿는다. 특히 '관계와 소통'에 초점을 맞춘 인문학의 실용적 가치, '인문학교'를 통한 실제 실천사례가 눈길을 끈다.

eBook 표시가 되어있는 도서는 전자책으로 구매가 가능합니다.

㈜살림출판사
www.sallimbooks.com
주소 경기도 파주시 문발동 522-1 | 전화 031-955-1350 | 팩스 031-955-1355